세습 자본주의 세대

세습 자본주의 세대

88만원 세대는 어쩌다 영끌 세대가 되었는가?

고재석 지음 · 우석훈 해제

인물과
사상사

* 이 책은 방일영문화재단의 지원을 받아 저술·출판되었습니다.

"우리는 결정된 채로 태어나지만,
자유로운 상태로 생을 마칠 수 있는
작은 기회를 갖고 있습니다.
또한 우리는 사유하지 않는 상태로 태어나지만,
주체가 될 수 있는
아주 작은 기회를 갖고 있습니다."

― 피에르 부르디외Pierre Bourdieu(프랑스의 사회학자)

추천사

'86년생 고재석의 서사'는 '82년생 김지영' 못지않게 리얼하다. 비정규직, 88만 원, 영끌, 삼미남을 이야기할 땐 잃어버린 사다리를 원망하다가도 슬램덩크, 월드컵, 싸이월드 같은 달달한 추억에 젖기도 한다. 보수든 진보든 위선과 무능의 정치가 싫다는 이 세대가 진짜 원하는 것은 비루하지 않게, 인간답게 살 만한 세상이다. 특권과 반칙의 부족주의도, 완전경쟁시장의 능력주의도 아닌 따뜻하고 정의로운 공화국을 저자 또래들과 만들고 싶은 생각이 간절해진다.

― 유승민(전 국회의원)

이 책은 86년생인 저자가 겪은 한국 사회의 자화상이다. 무엇보다 재미있고, 필력에 감탄했다. 86년생들은 완전경쟁 시대를 살았고, 86세대는 완전고용 시대를 살았다. 86년생들은 86세대 진보 논객들의 책을 보며 대학 시절을 보냈다. 그러나 현실은 진보 논객들이 말했던 이상과 멀었다. 취업, 결혼, 부동산, 계층 사다리, 능력주의, 꿈의 독재까지. 80년대생 남성들의 '정치적 변심'이 작동하는 이유다. 우리가 한 걸음 더 내딛고자 한다면, 저자가 말하는 이야기를 들여다봐야 한다.

— 최병천(신성장경제연구소 소장, 『좋은 불평등』 저자)

프롤로그부터 압도되며 빨려들었다. 자기 서사를 기둥으로 하면서 우리가 살아가는 시대와 세상을 종횡으로 풀어나간 솜씨가 기막히다. 기회는 평등하고 과정은 공정하며 결과는 정의로울 것이라던 나라는 어디로 갔는가? 92학번인 나는 1999년에 대학을 나온 뒤로 2000년대 학번과 깊은 이야기를 나눈 적이 없다. 이 책을 읽으면서 많이 놀라고 배우고 반성했다. 함께 풀어가야 할 숙제 목록을 한껏 받아든 느낌이다. 얄미울 정도로 잘 썼다.

— 봉달호(에세이스트, 편의점주)

나는 1982년생이다. 이 책에 담긴 80년대생의 모멸과 절망, 열패감은 나와 내 친구와 후배들이 겪은 이야기다. 그 시절이 주마등처럼 스처간다. 그간 간과된 80년대생의 삶을 정밀하게 복원했다는 점에서 이 책의 가치는 빛난다. 시대와 세대를 해부하면서 스토리텔링까지 선보인 저자의 공력이 돋보인다. 관성적으로 '청년'을 떠들어온 정치권이 읽어야 할 책이다.

- 김병민(국민의힘 최고위원)

'05학번 이즈 히어!' IMF로 나라 망하나 걱정하던 어린이, 2002년 월드컵의 함성을 지르며 광장을 누비던 청소년, 2008년 경제위기의 직격탄을 맞고 얼어붙은 취업시장에 던져진 취준생, 그 어떤 세대보다 진보적이었지만 2022년 대선에서 윤석열을 찍은 '변심'의 세대. 저자는 진솔한 자기 고백과 치열한 사회적 성찰로 대한민국 최대의 캐스팅 보터 80년대생의 정체를 밝힌다.

- 노정태(경제사회연구원 전문위원)

6070 보수와 4050 진보는 결국 2030의 선택을 얻는 것 외에는 방법이 없다는 것을 깨달았지만, 젊은 세대가 원하는 것을 내어주는 것에는 인색하다. 원하는 것을 얻으려면 한 사람 한 사람이 작은 이데올로그가 되어야 한다. 이 책을 통해 내가 하는 고민이 나만의 고민이 아니라는

것을 보며 힘을 얻었으면 좋겠다. 그리고 운명을 다른 세대에게 맡기는 비겁한 자가 되지 않고, 스스로 벽돌 한 장씩을 보탤 수 있었으면 좋겠다.

- 이준석(전 국민의힘 대표)

이 책은 저자 개인의 이야기인 동시에 한국 사회를 살아가는 80년대생들의 이야기다. 저자는 자신의 경험과 객관적인 자료에 기반해 이들의 삶을 명료하게 풀어냈다. 세대에 대한 이해는 그들의 인생에 대한 이해에서 시작된다. 중년이라기엔 아직 어리지만 청년이라기엔 조금 많은 것 같은, 지금의 밀레니얼 세대를 이보다 정확하게 진단한 책은 없다.

- 이동수(청년정치크루 대표)

프롤로그 80년대생의 축복과 고통

나는 18년 전 집을 떠났다. 2005년 2월, 내가 탄 비행기가 김포공항 활주로에 내려앉던 날을 기억한다. 입김이 하얗게 피어오르는 시린 날이었다. 매캐한 공기를 마시며 문득 그런 생각을 했다. '기회가 오겠지. 더 나은 미래가 있겠지.' 환상이 깨지는 데는 오랜 시간이 걸리지 않았다.

제적除籍의 9부 능선까지 내몰렸던 때가 있었다. 2006년의 일이었다. 학자금 대출을 더 받기 어려운 상황이 되자 나는 등록금을 3번 나누어내는 '분납 방식'을 택했다. 마지막 남은 85만 원이 문제였다. 납부 만기가 다가오자 담당 교직원에게서 전화가 왔다. 나는 사채업자에게 말하듯이 "기다려달라"고 읍소했다.

만기일 오후 2시까지 나는 돈을 마련하지 못했다. 교직원은 퇴근 전에 일을 처리해야 했다. 휴대전화 너머로 감정 한 톨 담기지 않은 목소리가 들려왔다.

"지금 고재석 학생만 등록을 안 했어요."

벌에 쏘이듯 몸 곳곳이 쿡쿡 찔리는 기분이었다. 체념한 나는 거의 울기 직전의 목소리로 말했다.

"하……. 그냥 등록 안 할게요."

"네. 그럼 제적시켜드리면 될까요?"

그 순간 그의 목소리 톤은 지나치다 싶을 만큼 공손했다. 아마 불확실성을 제거했다는 느낌을 가졌으리라. 나는 등록금을 3분의 2나 내고도 교직원의 '공손한' 한마디에 학교에서 잘릴 수 있다는 사실에 기함했다.

지인의 도움으로 마감 직전 겨우 돈을 송금해 제적을 면했다. 그러나 이 사건은 나의 내면에 큰 생채기를 남겼다. 이듬해 학과 학생회장이 되어 20년차쯤 된 다른 교직원과 밥을 먹을 일이 있었다. 이 경험을 전하니 그가 조카뻘인 나에게 고개를 숙이며 말했다.

"점점 학교가 냉혹해지네요. 상처를 드렸네요. 제가 대신 사과드립니다."

대학의 말단에서도 차디찬 경영 논리의 잣대를 가감 없이 휘둘렀다. 빚을 낼 능력조차 없으면 캠퍼스를 떠나라고 몰아붙였다. 학자금 대출 금리는 7퍼센트를 오르내렸다. 대출에 대출을 거듭하다 지친 친구들은 돈을 벌고 오겠다며 휴학했다. 개중에는 돌아오지 않는 친구들이 있었다. 자퇴했느니, 휴학을 연장했다느니, 아파서 고향으로 돌아갔다느니 따위의 소문이 돌았다.

2005년 겨울부터 보증금 100만 원에 월세 35만 원짜리 J고시원에 살았다. 방음은 애초에 관심 없다는 듯 지은 건물 같았다. 전화가 오면 "5분 뒤에 전화할게"라고 한 뒤 건물을 나가 '콜백'을 했다. 무심결에 방에서 통화했다가는 "같이 사는 공간인데 조용히 하죠"라는 포스트잇이 문 앞에 붙는 걸 각오해야 했다. 옆방에도 앞방에도 뒷방에도 또래가 살았다. 우리는 아직 세상에 발을 들이기도 전인데 숨죽여 사는 법부터 배웠다.

2007년에는 보증금 100만 원에 월세 23만 원을 내고 반지하방에 살았다. 영화 〈기생충〉 속 기택이네 집과 모양이 비슷했으나 면적은 절반 이하였다. 그 방을 생각하면 곰팡내부터 떠오른다. 비가 내릴 때마다 무서웠다. 수도권 폭우로 반지하 방 거주민들이 사망하는 참사가 났을 때, 그 시절이 떠올라 영상이나 사진을 보지 못했다. 옆방에는 갓 대학을 졸업한 청년이 홀어머니와 살았다. 그의 옷에서도 내 옷에서도 늘 쿰쿰한 냄새가 났다.

2008년으로 기억한다. 밥을 먹다가 이런 이야기를 쭉 털어놓자 선배가 지상파 방송사 기자를 소개해주었다. '88만원 세대'의 삶을 들여다보는 기사를 준비하고 있는데, 내가 취재원으로 적합해 보인다고 했다. 며칠 뒤 기자와 카메라맨이 나를 만나러 학교에 왔다. 노천극장에 앉아 인터뷰하는 모습을 찍더니 내가 사는 방도 촬영하고 싶다고 했다. 그래야 시청자들의 마음이 동한다나.

그때 나는 최소한 이렇게 말했어야 했다. '내 사연을 팔고 싶지도 않고 전시하고 싶지도 않습니다.' 그런데 실제로는 '아, 그게……. 그런데요. 그건 좀 어렵네요. 여기까지 오셨는데 정말 죄송합니다.' 나는 대체 무엇이 죄송했을까? 아주 오랫동안 그 말이 벌레처럼 꿈틀꿈틀 내 머릿속을 기분 나쁘게 기어다녔다.

비슷한 경험을 더 대보라면 5~6개쯤은 추가로 나열할 수 있다. 내 청춘은 위태로운 경계선에 자리했다. 낭만과 불안, 좌절이 순환 운동하듯 반복되었다. 꽃길의 앞뒤엔 늘 가시밭길이 있었다. 어제는 즐거웠고 오늘은 고달팠으며 내일은 어떤 날이 될지 모를 그런 시간이 이어졌다. 그것은 나의 세대 전반에 퍼진 정서였다.

*

1980년대생은 뉴밀레니엄new millennium의 팡파르 속에 성인이 된 세대였다. 누군가는 글로벌global이라는 조어를 붙여 G세대로 불렀고, 누군가는 디지털 기기를 자유자재로 다룬다며 Nnet세대라고 칭했다. G세대나 N세대가 약속하는 바는 찬란하고 화려했다.

이후의 일은 세상의 예감과 다른 방향으로 흘렀다. 나는, 아니 우리는 발랄보다는 꾸역꾸역 같은 단어가 어울리는 청춘을 보냈다. 화려하기보다는 비루했다. 우리는 산업화 이후의 풍요 속에서 태어났다. 그런 이유로 큰 꿈을 펼치라는 말을 고장

난 레코드판처럼 듣고 자란 세대였다. 막상 성인이 되자 저성장에 적응하라는 훈계를 들어야 했다. 20대 때는 고시원 인생, 30대 때는 월세 인생이라고 자조했다. 울며 겨자 먹기로 '영끌(영혼까지 끌어모아 대출)족'이 된 세대였고, 고금리의 파고 속에 휩쓸려버린, 이중의 강제성 앞에 놓인 세대였다.

다른 한편으로는 진보 담론의 영향을 받은 마지막 세대였다. 1980년대생이 추앙한 논객들은 분단이나 민족 등 거대 서사 대신 구체적인 소재에 천착했다. 강준만은 미디어에 대해 논했고, 진중권은 미학에 대해 강의했으며, 유시민이나 박노자는 역사를 경유했다. 홍세화나 김규항은 특유의 문체로 젊은 독자들을 유혹했다. 말하자면 '교양으로서 진보 담론'이 퍼지는 중이었다. 읽지 않은 사람도 제목은 들어보았다고 말하는 그런 시절이었다.

또 한쪽에서는 비운동권 총학생회가 기지개를 켜고 있었다. 세기말에 등장한 비운동권은 새천년에 이르러 더 큰 영향력을 과시했다. 비운동권은 복지 확대, 취업 박람회 개최 등의 공약을 내걸고 해마다 표심을 자극했다. 낙인찍는 데 능한 사람들은 '운동권=진보, 비운동권=보수'라는 손쉬운 이분법을 갖다 댔다. 상황은 그리 단순하지 않았다. 나는 그 시절 비운 동권의 돌풍이 운동권으로 상징되는 거대 서사에 대한 반감에서 비롯했다고 생각한다.

그 결과 1980년대생은 여러 겹의 얼굴을 가진 세대가 되었다. 민생과 기회의 문제에 예민하되, 진보 담론에는 거부감이 적고, 거대 서사에는 반감을 가진 세대 말이다. 그리고 나는 그 독특한 정체성이 오늘의 정치 성향에 영향을 미치고 있다고 판단한다. 1980년대생은 2022년 대선 때 윤석열에게 힘을 실어준 세대다. 그러고는 채 2개월이 안 돼 가장 강력한 비판자로 돌아선 세대이기도 하다. 1986년생인 나는 이 책을 통해 다른 세대의 눈에는 기묘하게 보일 이 현상을 설명할 나름의 렌즈를 소개하고자 한다.

소설가 한강은 "애초에 우리는 개인적인 것과 정치적인 것을 구분할 수 없는 삶을 살고 있다"고 말했다.[1] 그의 말처럼 한 개인의 내면을 따라가다 보면 실은 정치적인 이야기와 만날 것이었다. 이 책을 쓰면서 한강의 말을 주문처럼 읊조렸다. 나는 개인의 삶을 통해 시대의 단면이 드러나는 텍스트를 쓰려고 애썼다.

『뉴욕타임스』 칼럼니스트 데이비드 브룩스David Brooks는 '나'의 이야기가 가진 힘에 관해 말한 적이 있다. 그에 따르면 "공동체에 대한 헌신에는 '나'의 이야기에서 '우리'의 이야기로의 전환이 포함된다". 단, 조건이 있다. 아래와 외부를 지향해야 한다. 구체적으로는 "자기의 개인적인 약점 깊숙한 곳까지 내려간 다음 다른 사람들과 연대해서 바깥으로 향해야 한다"는 것이다.[2] 그래서 때론 잿빛이던 내 청춘의 일화도 글로 기록했다.

같은 세대에 속한 다른 개인의 삶도 담고자 했다. 익명 뒤에 숨은 막연한 구호나 추정보다는, 실명을 내놓고 말하는 경험담을 듣고 싶었다. 여러 사정 탓에 실명을 쓰기 어려운 사람의 경험은 보완재로 삼았다. 어차피 현상은 여론조사나 각종 설문조사, 투표 행태를 통해 드러난다. 이 책에서도 이와 관련한 데이터를 여럿 소개한다. 그렇다면 다음 할 일은 배경과 맥락, 더 나아가 정서를 파악하는 것이다.

그러니 소수에 그치더라도 사람이 보고 듣고 겪은 이야기를 수집했다. 기꺼이 이름을 밝히고 살아온 이야기를 해준 박대근, 유희재, 문선명, 김아영, 김미나, 전명선, 백경훈 님에게 고마움을 표한다. 장민지, 조성주, 조귀동, 김용범 님의 분석은 큰 도움이 되었다. 추천사 요청에 흔쾌히 응해준 유승민, 최병천, 봉달호, 김병민, 노정태, 이준석, 이동수 님에게도 감사의 말씀을 드린다. 특히 이 책을 응원하며 해제까지 써주신 우석훈 님에게 고마운 마음을 전한다. 그동안 살아오며 만난 수많은 1980년대생에게서 이 책의 영감을 얻었다. 이름을 일일이 열거할 수 없는 그들에게 깊은 빚을 졌다.

이 책에 쓴 내 경험은 내 부모·형제의 경험이기도 하다. 아버지, 어머니, 동생이 없었다면 나 혼자서는 그 시간을 오롯이 버텨내지 못했을 것이다. 둘째 사위가 하는 일이면 무조건적인 격려를 보내주시는 장인어른과 장모님 덕분에 온기를 머금고 글을 쓸 수 있었다. 아내 보람을 만나면서 더 나은 삶을 만들 수 있다는 낙관을 얻었다. 불면의 밤을 함께 견뎌준 아내가 없었다면 이 책을 쓸 수 없었다.

수개월 동안 주중에는 돈 벌러 직장에 가고 주말에는 책 쓰러 카페에 갔다. 돌이켜보니 이기적이었다. 아내에게 미안하다. 아이는 어른의 뒷모습을 보고 배운다고 들었다. 언젠가 아들 준경이가 커서 이 책에 실린 내 뒷모습을 통해 한 움큼이나

마 성장할 수 있다면 더 바랄 나위가 없겠다. 아들이 살아갈 세상은 비루하지 않아도 인간답게 살 수 있는 곳이기를 온몸으로 기원한다.

서울 남산 근처 동네에서

고재석

차례

추천사 · 006

프롤로그 80년대생의 축복과 고통 · 010

제1장 결혼과 부동산 시장의 패자

서른의 운명 · 024
나의 영끌 분투기 · 036
나는 SOLO · 050
갭 투자 세대 vs 임차인 세대 · 062

제2장 어쩌다 1980년대에 태어나

월세 인생, 고금리 인생 · 076
문화적 선진국의 첫 시민 · 088
우리의 월드, 월드컵과 싸이월드 · 100
누구에게나 저마다의 슬램덩크가 있다 · 112

제3장 사다리를 잃은 세대

88만원 세대의 추억 · 126
입사의 이유 · 136
스펙에 질식당하다 · 148
87년생 대기업 과장의 이야기 · 160

제4장 진보 담론 우위의 시대

그 시절 우리가 뽑은 비운동권 · **174**
진보 논객의 전성기 · **186**
노무현은 우리에게 무엇이었는가? · **200**

제5장 1980년대생의 변심이 말해주는 것

세대 동맹의 균열 · **214**
어떤 섭외 · **226**
조희연의 제자, 윤석열의 지지자 · **238**

제6장 가장 논쟁적인 능력주의

20대 남성을 사로잡은 어떤 30대 · **250**
가장 정치적인 능력주의 · **264**
이해찬과 손주은 사이의 혼란 · **276**

제7장 너무 차갑지도, 지나치게 뜨겁지도 않은

정의롭되 정의롭지 않았다 · **290**
우리 세대의 위선 · **302**
꿈의 독재를 넘어 · **316**

에필로그 사다리 올라타기 · **329**

해제 · **333**
주 · **337**

제장

결혼과
부동산
시장의 패자

서른의 운명

"이른바 분리형 원룸이나 투룸에 살 수 있기를 늘 바라왔다. 열심히 살다 보면 언젠가는 정말로 그런 곳에 살 수 있는 날이 오지 않을까?라고 막연히 희망 섞인 기대를 해본 적도 있었고, 때로는 그날이 오긴 올까? 서른 될 때까지는 그른 것 같고 마흔쯤 되면 가능한 걸까? 하고 아득한 기분에 빠지기도 했다."[1]

― 장류진, 『달까지 가자』

5평·6평·9평 원룸

올 타임 베스트셀러 초코밤으로 유명한 마론 제과에 '흙수저 여성 3인방'이 입사했다. 스낵팀의 정다해, 구매팀의 강은상, 회계팀의 김지송. 그들의 연령대는 20대 후반에서 30대 초반으로, 서로 동기라고 생각하는 사이다. 평균 나이 서른이라고 하자.

"우리, 같은, 애들은 어쩔 수가 없어." 은상의 말과 함께 셋은 친구가 되었다. 어떤 애들? 부모가 대졸자도, 공무원도, 전문직도 아니어서 경제적 지원을 받을 형편이 아니다. 여러 이유로 집안에 빚이 있고, 집값이 싼 동네에 살며, 주거 형태는 5평·6평·9평 원룸이다. 부동산 세습은 한 세대 내에서도 소수의 전유물일 뿐이다. 원룸 사는 청년과 상속 받은 청년 사이에 경계선이 그어졌다.

소설가 김애란이 2011년 『문예중앙』에 발표한 단편소설 「서른」에서 주인공은 J대 불문과를 7년 만에 졸업한 뒤 다단계 판매에 휩쓸린 서른 살 여성이다. 1,000만 원가량의 학자금 대출이 남아 있지만 취직에는 실패했다. 사는 곳은 서울에서 구한 여섯 번째 자취방이다. 열리지 않고 장식처럼 박혀 있는 공책만 한 창이 전부다. 그러고 나서 이렇게 되뇐다. "이십 대에는 내가 무엇을 하든 그게 다 과정인 것 같았는데, 이제는 모든 게 결과일 따름인 듯해 초조하네요."[2]

10년 터울로 등장한 『달까지 가자』와 「서른」은 공통점이 많다. 두 작가 모두 당대 청년의 세대 감각을 가장 탁월하게 묘사한다는 평가를 받았다. 『달까지 가자』는 1986년생 장류진이 서른다섯 살에 썼다. 「서른」은 1980년생 김애란이 서른한 살에 썼다. 두 작가가 그린 서른은 모두 '자기만의 방'에 강제로 묶인 주체다.

간극도 있다. 김애란이 묘사한 서른은 정상적인 직장에 들어가지 못해 주거 난민 처지를 벗지 못한다. 장류진이 형상화한 서른은 이름난 기업에 입사하고도 여태 단칸방 신세다. 이를테면 장류진의 세계에서 서른은 월급 통장에 매달 꼬박꼬박 돈이 쌓여도 방에 갇혀 있다. 부모의 힘을 빌리지 못한 월급쟁이는 아파트에 자가로 살 권리를 누릴 수 없다. 장류진의 소설이 '하이퍼 리얼리즘hyper realism'이라 불리는 데는 이유가 있다. 실제로 '서른의 주거'에 관해선, 대한민국은 10년 사이에 몇 뼘 더 나빠졌기 때문이다.

서른은 누구인가? 혹은 무엇인가? 인생 경연에서 아직 대기석에 있는 처지다. 대기석에는 긴장과 설렘이 교차한다. 경연이 시작되면 윗자리로 가는 사람과 제자리에 남는 사람이 나뉜다. 모두가 윗자리로 갈 행운을 쥐진 못한다. 누구나 알고 있고, 또 받아들인다. 그런데 대부분이 제자리에 남는다면 그것은 경연의 규칙이 잘못되었다는 뜻이다. 이때는 받아들이기가 어렵다.

자산 증식의 사다리

부동산 경연은 어떤가? 월세 살던 무주택자가 직장에 들어가 돈 좀 모아 전세로 옮기고, 더 노력해 내 집 마련에 성공하는 상승 곡선. 우리는 이것을 '주거 사다리'라고 부른다. 집값은 워낙 고액이라 재산에서 차지하는 비중이 높다. 그러니 주거 사다리를 자산 증식의 사다리라고 말해도 무리가 없다. 한국 자본주의의 미덕은, 이 사다리를 탈 기회가 출신·학벌·명예·인맥과 상관없이 꽤 많은 사람에게 주어졌다는 데 있다. 대개의 경우 형편이 나아졌다.

지금은 다단계보다 훨씬 그럴듯한 일을 하는 서른도 사다리를 찾지 못해 아우성이다. 노동으로 모은 종잣돈만으로는 계층 이동에 성공할 수 없다. 바야흐로 세습 자본주의의 막이 올랐다. 파국은 예상보다 일찍 왔다. '더 고생하면 더 나은 집에 살 것'이라는 한국 자본주의의 서사는 파편처럼 부서졌다. 집단적 체념의 분위기가 어떤 세대를 감싸고 있다. 빛나고 충만한 시절을 제대로 겪어 보지도 못한 채 흘러보냈다고 그들은 생각한다. 어떤 세대에 '내 집'은 넘볼 수 없는 세계였다. 지금의 서른은 축복이자 고통이다.

그러니 서른은 오늘도 이주한다. 안착하지 못한 채 부유한다. 요새 유행하는 '대퇴사의 시대'를 살짝 비틀면, 이들은 '대이주의 세대'다. 인스타그램 속의 화려한 이미지는 집을 찾지 못한 세대의 심리적 비상구일지도 모른다. 1984년생인 장민지 경남대학교 미디어영상학과 교수는 청년 이주에 관한 연구로 박사학위 논문을 썼다.[3] 그가 보기에는 20대나 30대나 같은 상황에 처해 있다.

"20~30대는 경제 상황 때문에 '물리적인 집'을 소유하는 게 어려워진 세대예요. 그래서 이를 '정서적인 집'으로 채웁니다. 단골 가게를 두고 '단골집'이라고 표현하잖아요. 그건 주변에서 계속 커뮤니케이션하는 사람 혹은 공간이 모두 '정서적인 집'을 이루고 있다는 인식을 드러내는 현상이거든요. 여기에는 카페와 식당, 친구까지 다 포함되겠죠. 살고 있는 원룸, 빌라, 오피스텔만 집으로 한정 짓는 게 아니라는 뜻입니다. 집이 꼭 정박碇泊의 의미만을 가져야 하는 것도 아니에요. 2~3년 지나 전세금을 빼야 할 수도 있고요. 새로운 곳에 물리적 공간을 렌트해 다시 정서적 애착을 갖게 되면 군이 한곳에 뿌리내리릴 필요는 없어요. 20~30대에게는 이주가 하나의 관습이 되었다는 점도 생각해야 하고요."

전명선은 1990년생이다. 이 책에 실명을 내놓고 등장하는 취재원 중 가장 젊다. 나는 노동조합 상근자로 일하는 질친한 친구에게서 그를 소개받았다. 그는 마론 제과보다 훨씬 유명한 금융 회사에 다닌다. 금융권 내에서도 고용 안정성이 높아 취업준비생(취준생) 사이에서는 속칭 '꿈의 직장'이라 불리는 곳이다. 이곳에 입사하려면 적어도 2~3개 이상의 금융 관련 자격증을 갖고 있어야 할 만큼 문턱이 높은 회사다.

그런 '꿈의 직장'에 다니는 전명선은 '변심한 30대'다. 2012년 대선에서 문재인, 2022년 대선에서 윤석열을 선택했다. 투표권이 생긴 후 처음으로 보수정당 후보에게 표를 던졌다. 커다란 결심일 듯싶었는데 "주변 지인의 다수가 윤석열 후보를 찍어 별다른 반응은 없다"고 했다. '10년 전에는 왜 문재인 후보를 찍었느냐'는 질문에 "인권변호사 출신이고, 노무현 전 대통령의 비서실장을 했기 때문"이라고 답했다.

정권 교체의 필요성 때문에 '2번'을 찍었지만 자신은 무당파라고 했다. 실제로 그의 생각을 따라가다 보면 전통적인 보수 정당 지지자로 보이지는 않는다. 그는 2017년 박근혜 전 대통령 탄핵에 찬성했다. 2021년 이준석 대표 등장 이후 국민의힘이 많이 변했다고 판단했다. 정작 2022년 대선이 끝난 후 "옛 새누리당과 크게 달라진 게 없다는 걸 느꼈다"는 게 그의 말이다. 전명선의 사례는 "청년이 보수화해 민주당에서 국민의힘으로 갈아탔다"는 식의 손쉬운 분석을 무색하게 만든다.

전명선은 안정적인 직장에 다니지만 미래를 낙관적으로 보지 않는다. 불안은 수시로 찾아온다. 그는 현재 30대에게 불어닥친 변화의 흐름을 온몸으로 감지하고 있다. 어쩌면 그가 변심한 진짜 이유는 "같습니다"라는 표현이 두 차례 반복되는 다음의 말에서 찾을 수 있다고 생각한다.

"이대로라면 '금수저'가 아닌 이상 노력만으로는 주택을 갖기 어려울 겁니다. 결혼을 하더라도 평생 집 한 채 못 살 것 같습니다. 1960~1970년대생에 비하면 출발선부터 불평등하다고 생각합니다. 물론 그때도 힘든 시기였겠지만, 그래도 일하며 주택을 구매하는 게 지금보다 쉬웠으니까요. 지금과는 상황이 많이 다른 것 같습니다."

그 많던 주거 사다리는 누가 다 없애버렸을까? 지난 5년간에 한정해보면 그 장본인이 문재인 정부라는 점을 부정할 수는 없다. 문재인 정부는 부동산 가격 상승 요인을 다주택자의 투기 욕망이라고 보았다. 일정 부분은 동의한다. 다주택자가 시장의 혼란을 부추긴 것은 사실이니까. 그러나 부동산 시장의 또 다른 행위자는 무주택자다. 이들은 건물주 눈치 보는 삶의 고통에서 벗어나려고 몸부림을 친다. 1주택자는 지금보다 나은 주택을 선망한다. 다주택자끼리, 무주택자끼리, 1주택자끼리 거래하면 쉽다. 현실의 시장은 이들 각각의 욕구가 한데 뒤엉켜 부딪히는 공간이다. 여기에는 도덕과 훈계가 개입할 여지가 없다.

결혼을 포기하다

정치는 다주택자의 욕망과 무주택자의 몸부림, 1주택자의 선망이 적정선에서 선순환하도록 시스템을 설계해야 한다. 문재인 정부는 애당초 이 설계도를 만들 생각이 없었다는 느낌까지 들 정도다. 통계에는 진보건 보수건 부인할 수 없고 부인해서도 안 될 팩트가 있다. 전세는 사회 초년생에게 주거 사다리의 중간 고리다. 그런데 부동산R114에 따르면, 문재인 정부 5년간 전국 전셋값은 40.64퍼센트나 뛰었다. 이것은 의심할 여지없이 정책의 실패다.

예나 지금이나 84제곱미터(25평)는 국민평형으로 불린다. 신혼부부 사이에서 청약 경쟁률이 특히 높은 평수다. 비혼을 택한 1인 가구도 딱 이 정도 평형을 선호한다. 이 중에서도 서울 강북과 경기도는 주거 사다리의 또 다른 중간 고리다. 한국부동산원의 자료에 따르면, 공동주택 실거래가격지수가 생산되기 시작한 2006년 1월부터 2022년 1월까지 아파트 가격은 전국 기준 연평균 5.15퍼센트 상승했다. 이 중 서울은 연평균 6.85퍼센트 올랐다. 그런데 2019년 1월부터 2022년 1월까지 아파트 가격은 전국 연평균 11.79퍼센트, 서울 연평균 14.73퍼센트가 올라 전체 기간 평균보다 상승세가 유독 컸다. KB국민은행 월간 주택가격동향 통계를 기준으로, 서울의 평균 아파트값이 문재인 정부 출범(2017년 5월) 당시 6억 708만 원에서 2021년 10월에 2배(12억 1,639만 원)가 넘었다.

1980년대생의 중윗값에 해당하는 1985년생은 문재인 정부 시기 32~37세였다. 1985년생 김아영은 바로 이즈음, 그러니까 문재인 정부 임기 말에 결혼했다. 내가 10년쯤 알고 지낸 그는 한류 관련 정부산하기관에서 일하면서 박사과정에서 신문방송학을 전공한다. 그는 일부러 진보를 자처하진 않지만 스스로 보수라고 생각해본 적도 없다. 그런 그는 "문재인 정부가 시장 원리를 너무 도외시한 나머지 돈 없는 사람들을 더 힘들게 만들었다"고 생각한다. 김아영이 보기에 이것은 세대 간 자산 불평등이다. 세대 사이에 느끼는 현실의 벽과 무게에 차이가 있다.

"1960~1970년대생들은 지금보다 기회가 많았잖아. 주위에 있는 1960~1970년대생들은 꽤 풍요로운 삶을 영위하고 있다는 인상이 들어. 나이가 들면 나도 그런 삶을 영위하게 될까 생각해보는데, 내가 그때 갖고 있을 자산이 그들보다 훨씬 적을 것 같아. 그런 윗세대의 상당수가 민주당 지지 성향이 강하고 이를 어필하지만, 진보적으로 살지 못한다면 '진보팔이'일 뿐이지."

2020년 10월 29일 청와대 국민청원 게시판에 "문재인 정부

부동산 정책으로 결혼을 포기하기에 이르렀다"는 제목의 글이 올라왔다. '내년 초 결혼을 앞둔 30대 직장인'이라고 소개한 청원인은 "문재인 정부의 부동산 정책이 번번이 실패하는 것을 수년간 바라만 보며 그래도 적게나마 월급을 모아 어떻게든 집을 사보려 노력했다"면서 "올해 중순 영끌을 해서라도 살 수 있던 서울 제일 끝자락 아파트마저 폭등해 아예 포기 상태에 이르렀다"고 썼다.

문재인 정부 시기에 집값이 잡히는 반전은 없었다. 사람들은 1980년대생을 두고 월급을 모아 안정된 주거를 확보하는 게 불가능한 세대라고 일컬었다. 그들은 빚을 낼 권리도 없어 무력했다. 증여(세습)가 아니고서는 사다리를 올라설 기회를 잡지 못했다. 하필 1980년대생이 그즈음 30대였다. 하루하루 불안이 엄습했다. 실로 고약한 운명이었다.

나의 영끌 분투기

"대출은 빚이잖아요."
"영선 씨 대출에 대해 부정적이군요. 대출을 선과 악으로 나누지 말아요. 대출은 빚 맞아요. 하지만 내가 감당할 수 있는 만큼의 대출은 거인의 어깨에 올라타는 것과 같죠."[4]

— 최양선, 『세대주 오영선』

결혼하면 어디에 살까?

"지금 어디니? 시간 되면 약수역 9번 출구 앞으로 오너라. 같이 가서 볼 집이 있다."

땡볕이 강하게 내리쬐던 2020년 7월 11일. 이날 하루는 길었다. 오후에 어머니에게서 카카오톡 메시지가 왔다. 당시 나는 지금의 아내와 함께 3개월 후 열릴 결혼식 때 입을 예복을 맞추던 참이었다. 아직은 여자 친구이던 아내가 말했다.

"일단, 빨리 가보자."

'약수역'이라는 단어가 우리의 입가에 오래 맴돌았다. 지하철 3·6호선이 통과하는 약수역은 나와 아내가 모두 선호하던 동네였다. 대학 졸업반 때 약수역 근처에서 월세살이를 한 적이 있었다. 서울에 와서는 늘 대학가에만 살았다. 정문 앞에 살았다가 후문으로 갔다가 거기도 지겨우면 옆 학교 근처로 갔다가…….

한 번쯤은 다른 곳에 몸을 뉘이고 싶었다. 서울 사대문 근처에서 걷기, 책읽기, 서점 가기, 종로·을지로에서 사람 만나기 등 극히 평면적인 내 취미 생활에는 최적화된 동네였다. 뒷산 가듯 남산에 오를 수 있는 점도 덤이었다. 월세는 대학가보다 훨씬 비쌌지만 내 선택에 만족했다. 지금 다니고 있는 회사까지는 도어 투 도어door to door 30분 정도다. 살 수만 있다면 '럭키'였다.

서울 송파구 출신인 아내에게도 추억이 있었는데, 첫 직장이 인근에 있는 신라호텔이었다. 아내가 현재 재직 중인 직장도 3호선 양재역에 있어 출퇴근할 때 지하철을 갈아탈 필요도 없었다. 그조차 약 20분이면 도착했다. 아내도 나와 마찬가지로 사대문 안을 좋아했다. 우리는 연애 시절 늘 종로, 을지로, 광화문 언저리에서 데이트를 했다. 그러니 '결혼하면 어디에 살까?' 하고 대화할 때마다 빠지지 않고 등장하던 곳이 사대문 코앞에 있는 약수역이었다.

어머니는 건설업계에서 수십 년간 잔뼈가 굵은 베테랑이었다. 집을 보는 눈이 나와 아내 같은 범부와는 달랐다. 그런 어머니가 약수역에 '같이 가서 볼 집'을 찾았다고 하니, 나와 아내는 이미 마음이 들떠 있었다. 카페에서 기다리던 어머니는 우리를 앉힌 뒤 사전 답사 결과를 설명하기 시작했다.

"아파트를 보러 왔다가 매매건 전세건 너무 비싸서 다른 데를 찾는데, 부동산 중개인이 신축빌라 모델하우스가 열었다고 소개해주더구나. 너희도 알다시피 이 동네에 신축이 흔치가 않아. 분양가는 조금 비싼데, 일반 빌라보다는 고급스럽게 지었더라고. 동네도 조용하고. 마감재도 괜찮은 걸 썼더라. 테라스 있는 세대도 있으니 가서 보면 맘에 들 거야."

그 순간 내 표정을 숨겼다고 생각했는데, 아내는 금세 알아차렸다.

"아까 어머님이 빌라라고 말씀하실 때 표정이 안 좋더라?"

그랬다. 주거 형태에 귀천이 있겠느냐만, 내 딴에는 아파트에 살고 싶었다. 신축까지는 기대하지 않았다. 그럴 만한 돈도 없었다. 그냥 당시 내 나이보다 어린 아파트면 충분하다고 생각했다. 그러니 '아파트도 아니고 빌라?', '그 돈으로 굳이 빌라를 갈 필요가 있나?' 순간 그런 뾰족한 생각들이 뇌리를 스쳤던 것이다.

집값의 풍선 효과

현실을 인정해야 했다. 나와 아내에게는 근로소득을 저축한 돈 말고는 마땅한 현금자산이 없었다. 우리가 돈을 펑펑 썼기 때문이 아니다. 당시 서울 시내 아파트 매매가가 평균 10억 원을 웃돌았다. 쓸 수 있는 현금과 지불해야 할 가격의 거리가 아스라이 멀었다. 좁고 구불구불한 비포장길을 걷는 듯한 느낌이 들었다.

경기도나 인천은 생각 안 해보았냐고? 물론 고려해보았다. 다만 나와 아내는 장거리 출퇴근이 세상에서 가장 비인간적인 행위라는 생각을 일찍부터 공유했다. 아침마다 몸이 끼여 뼈마디가 욱신거리고 가방은 금세 찌그러지는 '지옥철' 생활을 경험한 결과다. 아내의 직장은 양재동, 나의 직장은 충정로였다. 서울 밖으로 나가는 순간 누구 한 명은 다시 지옥으로 가야 했다. 우리는 '경기도 자가'보다 '서울 전세'가 낫다는 판단을 내린 상태였다.

현실은 우리에게 그리 호의적이지 않았다. 설상가상으로 문재인 정부가 2019년 12·16 부동산 대책을 통해 9억 원 초과 아파트에 주택담보대출비율LTV 20퍼센트를 적용해 대출 한도를 제한해놓은 뒤였다. 9억 원 초과 아파트에 대한 대출을 잠근 탓에 외려 9억 원 이하 아파트로 수요가 집중되어 가격이 오르는 풍선 효과까지 나타났다. 이즈음 『중앙일보』는 부동산 전문가 15명에게 부동산 시장을 더 엉망으로 만든 '최악'의 대책을 물었는데, 12·16 부동산 대책이 9명의 선택을 받아 2위로 꼽혔다.[5]

전세 사정도 어렵기는 매한가지였다. 부동산 시장은 연일 경고음을 발산했다. 12·16 부동산 대책으로 대출이 막히자 매매에서 전세로 선회한 사람이 쏟아졌다. 수요가 오르니 가격이 급등했다. 나와 아내가 원하던 약수역 인근 구축 아파트 전셋값은 빌라 매매가를 벌써 웃돈 상황이었다. 서울 어디건 국민평형이라는 84제곱미터에 신혼집을 꾸리려면 그 정도 돈은 있어야 했다. 59제곱미터(18평)는 오히려 소형 아파트에 대한 풍선 효과에 힘입어 가격이 급등하고 있었다.

'그래도 아파트'라며 억지로 전셋집에 들어가도 문제는 남았다. 나와 아내가 어머니를 만나기 닷새 전, 주택 임대차 시장이 대변혁을 앞두었다는 기사가 쏟아졌다. 이날 민주당에서 임대차 3법 개정안(전월세신고제, 계약갱신청구권제, 전월세상한제)을 모두 발의했기 때문이다. 기사에 등장하는 전문가들마다 "전셋값이 한꺼번에 많이 오르는 문제가 발생할 가능성이 있다"거나 "전세의 월세화가 가속화하고 '전세 종말'이 앞당겨질 수 있을 것"이라는 전망을 내놓고 있었다.[6]

그것이 우리의 삶에 미칠 파장은 매우 클 것 같았다. 나는 머리를 굴려 하나씩 따져보았다. 계약갱신청구권을 사용한다 해도 전세로 한집에 살 수 있는 기간은 최대 4년이다. 집주인이 직접 입주하겠다면 청구권을 아예 행사할 수도 없다. 2년이건 4년이건 그 뒤엔 어쩔 건가? 전세의 월세화가 가속화하고 대출 규제의 강도 역시 그대로 유지된다면 길은 뻔했다. 다시 월세로 뒷걸음질쳐야 하는 것이다. 음울한 시나리오였다.

'기승전 정권 탓'이 늘 온당한 건 아니지만, 부동산 정책에 직접적 영향을 받는 이해당사자로서는 '정권 탓'이라는 생각을 안 할 수가 없었다.

나는 영끌족이 되었다

사전 답사까지 한 어머니의 정성이 있어 집을 보긴 봐야 했다. "가서 보자"는 어머니의 말에 일단 고개를 끄덕였다. 문득 수고스럽기 그지없던 지난날이 떠올랐다. 회사에만 입사하면 그 뒤는 꼬인 매듭이 한번에 풀리듯 순탄하게 흘러갈 줄 알았는데……. 나보다 더 많은 자산을 보유한 사람들은 이 시기를 어떻게 보냈을지도 궁금했다. '나에게는 재물 운이 없는 걸까?'라고 혼잣말을 했다. 터벅터벅 걸어가는 내 모습이 초라하게 느껴졌다. 약간의 오르막길을 오르다 말고 어머니가 말했다.

"여기다."

잉! 이건 뭐지? 어머니의 말은 사실이었다.

"내 말이 과장이 아니지?"

어머니는 득의양양한 표정을 지었다. 그랬다. 내가 상상하던 빌라가 아니었다. 귓가에는 모델하우스 관리인의 화려한 언변이 들려오기 시작했다.

"여기는 법적으로 빌라이긴 하지만, 사실 타운하우스 느낌에 가깝죠. 테라스만 해도 족히 10평이 넘잖아요. 텃밭으로 쓸 수도 있고, 또 아이 놀이터로 활용할 수도 있고요. 저기 보세요. 어린이집 보이죠? 정말로 엎어지면 코앞에 있잖아요. 그리고 이게 정말 중요한 정보인데, 이곳은 원래 대기업 창업주인 회장님 자택이었어요. '재벌 터'인 셈이죠. 이 빌라를 짓기 전까지는 미술관으로 썼고요."

그 말이 끝나기가 무섭게 어머니가 "그 회장님, 제주 출신이잖아요"라고 한마디를 덧붙였다. "동향 분이 살던 곳이네"라면서 어머니는 재차 의미를 부여했다. 솔직히 '재벌 터'라는 말은 나에게 전혀 먹히지 않았다. 어차피 다세대 주택인데, 그렇다면 잘해봐야 입주한 사람들이 '재벌의 기운'을 나누어 가져야 한다는 뜻 아닌가?

오히려 나는 이곳이 그 창업주의 이름을 본떠 미술관으로 운영되었다는 이야기에 관심이 갔다. 관리인이 딴 데 보는 사이에 검색을 해보았다. 그랬더니 몇 년 전까지 이곳이 '아트스 페이스'라고 불리며 작가들이 전시를 여는 공간이었다는 기사가 떴다. 그리고 미술관 다음으로는 텃밭에 꽂혔다.

"텃밭에는 상추와 고추를 심으면 되겠네."

어머니가 맞장구치듯 말했다. 나와 아내의 가슴은 이미 부풀어 오르던 차였다. 아니, 다른 돌파구가 마땅치 않으니 부풀어 오르길 바라고 있던 걸지도 모르겠다. 주어진 길이 실은 하나뿐일 때 '이 길이 목적지로 가는 최적의 길이야'라고 생각해야 마음이 편안한 법이니까.

아내는 장모님께 실시간으로 카카오톡 메시지를 보내는 중이었다. 장모님은 금세 송파구에서 '날아'오셨다. 그 뒤에는 아내와 장모님이 몇 수 앞을 준비하겠다는 듯 새 집에 들여놓을 혼수를 고민하기 시작했다. 우리의 생각은 표정에서 여지없이 읽혔던 것 같다. 그렇지 않고서야 관리인이 이즈음 이 말을 꺼냈을 리가 없었을 테니 말이다.

"조금 서두르셔야 할 게, 103동에서 테라스가 있는 세대는 딱 3세대예요."

우리는 이미 영업에 넘어갈 만반의 준비가 되어 있는 고객이었다. 당장 가계약을 하고 그 자리에서 계약금을 이체했다. 입주 날짜, 그러니까 잔금을 치르는 시점은 결혼식 일주일 전까지 최대한 미루어두었다.

이제부터 우리는 발품을 팔아야 했다. 건설사 측이 연결해준 은행은 물론, 다른 시중은행에도 가능한 주택담보대출 금액을 의뢰했다. N은행보다 S은행에서 35년 상환 기준으로 5,000만 원을 더 빌려주겠다고 했다. 생애최초 주택 구매에 해당해 비관적으로 예상한 금액보다는 조금 더 높은 대출금이 산정되었다.

그래도 돈은 아직 모자랐다. 나와 아내 모두 '마이너스 통장 (신용대출)'을 개설해 돈을 추가로 확보했다. 여기에 그간 근로소득으로 모은 돈을 더해 겨우겨우 차액을 메꾸었다. 우리는 그렇게 '영끌족'이 되었다.

영끌의 후폭풍

나와 같은 나이인 소설가 강석희가 쓴 단편소설 「길을 건너려면」은 갓 결혼한 30대 신혼부부 '나'와 '영주'가 6억 6,700만 원짜리 아파트를 '영끌'해서 사는 이야기다. 부부는 가진 돈 4,000만 원에, 주택담보대출 2억 6,680만 원(35년 상환), 신용 대출 1억 2,000만 원, 사내 대출 9,000만 원, 부모에게서 빌린 1억 5,000만 원을 합해 결국 집을 사고 만다. 내 경험과도 여 러모로 닮아 있어 생동감이 있다고 생각했는데, 실제 작가의 자전적 경험이 녹아 있다고 했다.

"영끌하자. 말하는 영주에게 그런 건 지옥불 영끌이라고 하 는 거야, 말하지 못했다."[7]

지옥불이건 무엇이건 나에게는 가장 현실적인 선택지였다. 그때까지 15년간 서울에 살면서 나의 처지는 늘 월세 세입자 였다. 2년마다 옮겨다니는 생활이 지긋지긋했다. 회기동(동대 문구), 이문동(동대문구), 신당동(중구), 중림동(중구), 화곡동(강서 구), 공덕동(마포구). 내 주민등록등본에 남은 흔적들이다. 매번 주소지가 바뀌니 총선이나 지방선거 때는 내가 대체 어느 지 역 유권자인지 헷갈릴 지경이었다. 나는 서울 곳곳을 헤매는 유목민이었다.

그 시절 나는 이런 목표를 품고 살았다. '신혼 생활은 전세로 시작해도 5년 안에 아파트를 장만할 거야.' 그 목표 달성이 어렵지만은 않겠다고 생각했다. 인센티브 펑펑 받는 대기업은 아니지만, 남들이 모두 알 만한 회사에 다녔다. 완만하긴 해도 연봉은 해마다 상승 곡선을 그리고 있었다. 그 기간 내가 얻은 소득은 통계상 또래 중에서 중상위에 해당했다. 그런 나에게도 부동산 시장에서 열린 길은 오므린 듯 좁았다. 아니, 좁디 좁았다.

영끌의 후폭풍, 나도 안다. 한국은행 금융통화위원회는 그 이후 계속 빅 스텝big step 행보를 이어갔다. 나와 아내가 매달 내야 할 이자도 꾸준히 늘었다. 언론에는 '영끌족'에 비상이 걸렸다는 식의 보도가 이어지고 있었다. 한 경제신문은 심리학자의 말을 빌려 "남과 비교하는 데 민감한 20·30대가 누가 코인으로 돈 벌었다, 부동산에 영끌했다는 얘기가 나오면 '나도 들어가야 하나'란 심리가 생길 수밖에 없었을 것"이라고 썼다.[8]

부동산과 금리를 다루는 기사를 심리학자의 코멘트로 마무리한 창의성(?)은 인정한다. 그래도 너무 나간 분석 같다. '하여튼 요즘 젊은 것들은' 따위의 꼰대식 프레임이다. 전세보증금을 대출받아 입주한 30대도 이자 급등 탓에 곡소리를 낸다.

임대차 3법 탓에 월세를 2배로 받는 사례가 부지기수였다. 어떤 쪽이건 자의와 상관없이 불리한 선택지뿐이었다. 설레야 할 시기에 최악과 차악 사이에서 고민한다는 게 더 이상한 일이었다.

나는 SOLO

"그들은 우리의 바람, 열정, 목표 또는 꿈은 '관계를 맺는 것'이라고 말한다. 하지만 실제로는 관계가 얼어붙거나 굳어버리는 것을 어떻게 하면 막을 수 있을까 하고 노심초사하고 있지 않을까?"⁹

– 지그문트 바우만, 『리퀴드 러브』

결혼을 못하는 세대

1015라는 숫자는 나에게 강렬하다. 2020년 10월 15일, 우여곡절 끝에 잔금을 모두 치렀다. 잊고 살던 휴면계좌까지 뒤지면서 한 푼 두 푼 긁어모아 돈을 채웠다. 알라딘 중고서점에 책을 팔아볼까도 생각했지만, 별 도움은 안 될 것 같았다.

탈탈 털고 나니 수중에 돈이 20만 원쯤 남았다. 월급을 받으려면 아직 열흘을 기다려야 했고, 다행히 나에게는 신용카드가 있었다. 신용카드라는 개념은 1887년 에드워드 벨러미 Edward Bellamy가 발표한 소설에 처음 등장했다던데, 온 마음을 다해 감사를 표했다.

　나와 아내 공동명의로 등기했다. 이틀 뒤 우리는 난생처음 '집주인'이 되어 신혼집에 입주했다. 결혼식을 딱 일주일 앞둔 때였다. 주택담보대출을 받은 S은행과 마이너스 통장을 발급한 N은행에 사실상 '월세' 내는 처지이긴 했다. "집 사서 좋겠다"고 인사를 건네는 지인들에게는 "거실과 작은 방은 은행 소유"라고 대꾸했다. 그래도 세입자 설움이 없어 좋았다. 입주 전날까지 나는 마포구에서 월세로, 아내는 송파구에서 전세로 살았다. 사다리의 한 단계를 올랐다는 감흥이 들었다. 많은 사람이 원하는 재화를 내 이름으로 가질 수 있게 되었다는 것, 그 자체로 복된 일이라고 생각했다.

　'요즘 애들'답지 않게 전 세대에 이사 떡도 돌렸다. 마스크 너머로 "축하해요", "오며가며 인사 나누고 지내요" 등의 말을 많이 들었다. 그날 밤 나와 아내는 제주산 한치에 네덜란드산 하이네켄 캔 맥주를 곁들여 우리의 성장을 자축했다. 달뜬 하루였다. 결혼도 했고 집도 마련했으니 나와 아내는 동시대 30대 중에서 행운을 쥔 쪽에 속했다. 우리는 머리칸이라고까지 볼 수는 없지만 꼬리칸으로 내몰린 처지라고 할 수도 없었다. 통계가 말하는 바는 그랬다.

　2021년 9월 27일 통계청이 발표한 '2020년 인구주택총조사'에 따르면, 30대 남성 미혼자는 173만 8,000명으로 전체 30대 남성의 50.8퍼센트였다. 5년 전인 2015년(44.2퍼센트)과 비교하면 6.6퍼센트포인트 늘어난 수치로, 사상 처음 50퍼센트를 돌파했다. 30대 여성 미혼자는 107만 7,000명으로 전체 30대 여성의 33.6퍼센트였다. 2015년(28.1퍼센트)과 비교해 5.5퍼센트포인트 늘었다. 즉, 2020년 10월에 결혼한 나와 아내는 각각 49.2퍼센트와 66.4퍼센트에 속했다.

　나는 10년 전 읽은 책 한 권을 떠올렸다. 제목부터 디스토피아적인 『결혼불능세대』다. 저자들은 미래를 예견이라고 했다는 듯 이런 서술을 덧붙였다. "대한민국에 새로운 현상이 나타나고 있다. 결혼 연령이 늦어지는 게 아니라 결혼을 못하는 세대가 처음으로 나타나고 있다는 거예요. 이건 단군 이래 처음으로 나타나는 거예요. 그렇잖아요. 원시시대에도 결혼은 다 했다고. 그런데 이건 단군 이래 최초로 우리 시대에서 결혼 못하는 세대가 나타나고 있는 거예요. 이대로 쭉 가면 아마 우리는 죽을 때까지 결혼을 못할 수도 있어요."[10]

비자발적 삼미남

누군가는 현실과 동떨어진 주장이라고 생각할지도 모르겠다. SBS PLUS의 인기 프로그램 〈나는 SOLO〉에서 출연자들은 4~5주간 자신의 얼굴이 텔레비전에 노출되는 걸 감수하면서 결혼 상대를 찾는다. 본방송이 나간 뒤 온라인에는 출연자의 행동을 잘근잘근 씹어대거나 상찬하는 '방구석 연애 전문가'들이 출몰한다. 이혼은 아예 하나의 장르가 되었다. 헤어진 연예인 부부가 다시 만나 재결합할 가능성을 따져보는 TV조선의 〈우리 이혼했어요〉 같은 프로그램이 인기였다. 정치를 빼면 한국에서 가장 '어그로'를 끌기 쉬운 소재는 연애와 결혼과 이혼이 아닐까 싶을 정도다.

그런 나라에서 '30대 남성 절반·30대 여성 3분의 1'이 미혼자다. '나는 SOLO'의 나라라는 게 맞긴 맞는 셈이다. 자발적 비혼을 택한 사람이 적지 않고 코로나19로 결혼을 미룬 사례가 있다고 해도 분명 문제적이다. 어떤 혁명적인 대책이 나오지 않는 이상 이 상승 추세가 꺾일 것 같지 않다. 그렇다면 거기에는 사회구조적인 이유가 개입했다고 보는 게 합리적이다.

'2020년 인구주택총조사'가 공개된 뒤 2주가량이 지난 2021년 10월 12~15일, 『동아일보』는 취업사이트 잡코리아에 의뢰해 30대 미혼 남녀 548명(남성 295명, 여성 253명)을 대상으로 설문조사를 실시했다. 이 중 결혼 계획이 없다고 답한 남녀 274명에게 '결혼 계획이 없는 이유'(복수 응답 가능)를 물었다. 이에 따르면 30대 남성의 54.1퍼센트는 "혼자가 편해서"라고 답했다. 다음으로 "집값이 너무 올라서"(50.4퍼센트), "취업난 때문에"(40.7퍼센트), "배우자를 찾지 못해서"(35.6퍼센트)가 뒤를 이었다. 30대 여성에서는 70.5퍼센트가 "혼자가 편해서"라고 답했고, "배우자를 찾지 못해서"(42.4퍼센트), "집값이 너무 올라서"(36.0퍼센트), "취업난 때문에"(27.3퍼센트) 순이었다.[11]

이 조사만 놓고 보면 상대적으로 30대 남성이 취업과 부동산 등 경제적 제약 상황에 더 민감했다. 한국 사회에 남아 있는 '신혼집은 남자가 마련해야 한다'는 인식이 반영된 결과로 보인다. 이 기사에서 집값 급등 탓에 결혼을 포기한 30대 남성은 '비자발적 삼미남(30대 미혼 남성)'이라 불렸다. 패배가 일상이던 비운의 프로야구단 '삼미 슈퍼스타즈'를 떠올린 건 나쁜

만이 아니었을 것 같다.

30대 남성의 불만에는 근거가 있었다. 2021년 기준 30대 남성 취업자 수는 321만 2,000명으로 1989년 이후 최저였다. 2020년 8만 9,000명이 감소한 데 이어 2021년에 6만 1,000명 더 줄었다. 코로나19 기간에 전 연령대 남녀를 통틀어 30대 남성의 일자리가 가장 많이 감소했다. 30대 남성은 문자 그대로 IMF 외환위기보다 더 힘든 시기를 보냈다.

고용률(인구 대비 취업자 수)을 봐도 전 연령대 남녀 중 30대 남성만 줄었다(2020년 88.1퍼센트→2021년 88.0퍼센트). 여성 중에서도 30대의 취업 한파가 가장 심했다(-4만 6,000명). 반면 같은 기간 20대에서 남성 일자리와 여성 일자리는 각각 1만 8,000명과 8만 7,000명이 늘었다.[12]

취업이 결혼에 미치는 영향

왜 30대에게만 유독 취업난이 심했을까? 해석의 영역이긴 하나, 나는 양질의 고용이 줄어든 데서 원인을 찾는다. 실제로 같은 통계를 보면 취업자 수가 가장 드라마틱하게 증가한 계층은 60대 이상 남성(+20만 1,000명)과 60대 이상 여성(+13만 명)이다. 대체로 저임금인 단기 공공 일자리나 민간 부문의 '알바'가 늘어난 덕이다. 20대 역시 이런 일자리의 주된 대상 중 하나다. 바꿔 말하면 안정적 일자리가 그만큼 적었다는 뜻이 된다. 따라서 30대 남성의 미혼율과 실업률은 서로 연동되어 있다.

이것은 매우 계급적인 현상이다. 한국에서 처음 일어난 일은 아니다. 미국에서 경제의 승자와 패자가 결혼에서부터 갈린다는 점을 밝힌 책이 2014년에 등장했다. 미국의 법학자 준 카르본June Carbone과 나오미 칸Naomi Cahn은 『결혼 시장』을 통해 경제 불황 심화로 과거의 '중산층'처럼 살 수 없는 중간계급 남성들이 배우자를 찾기가 더 어려워졌다고 주장한다.

"남성 노동시장이 건강할 경우 학력에 상관없이 남성 전체의 결혼율이 증가했으며, 고용 기회라는 변수를 통제하자 학력이 다른 남성 간의 결혼율 차이가 상당히 소거되었다."[13]

무슨 말인가? 학력보다 취업 여부가 결혼율에 미치는 영향력이 크다는 뜻이다. 이로 인해 좋은 일자리를 확보한 고소득 남성의 권력은 결혼 시장에서 강화되었고, 하층으로 전락한 중간계급 남성의 대부분은 소외되었다.

내 주위에 있는 30대 미혼 남성 중 결혼을 원하는 경우, 대부분 "돈이 없어서 결혼을 못한다"는 말을 입에 달고 산다. 댐이 무너지듯 가슴속 응어리가 터져 나오면서 "내 인생에 결혼은 없다"고 울컥한다. 이 말을 듣고 40~50대 선배들은 짬짜미라도 한 듯 "결혼하면 돈이 모인다"는 답을 내놓는다. 나는 그때마다 "선배가 결혼하던 시기를 기준으로 말씀하시면 안 됩니다"고 정중히 항의한다.

실업, 부동산 자산 불평등, 결혼 불능 문제는 서로 얽히고설켜 있다. 문재인 정부 출범 전 부동산 자산을 확보했다면, 2017~2022년 사이의 부동산 정책으로 혜택을 입었을 것이다. 그러려면 신입 사원 때부터 연봉이 적어도 5,000만 원이 넘어야 하고 대출 가능한 금액도 높아야 하며, 덤으로 부모에게서 물려받을 자산도 있어야 한다. 대부분 30대에게는 해당되지 않는 이야기다.

그 대신 사다리 올라타듯 자산을 확보할 준비를 하던 30대는 부동산 정책의 직격탄을 맞았다. 자연히 이 시기 집권하던 민주당에 대한 반감이 커졌다. 국민의힘이 같은 시기 같은 정책을 펴도 양상은 마찬가지였을 것이다. 그중에서도 남성의 반감이 더 컸으리라는 점은 충분히 예상 가능하다. 실제로 2022년 대선에서 30대 남성(52.8퍼센트)은 30대 여성(43.8퍼센트)에 비해 윤석열 후보를 지지한 비율이 높았는데, 나는 이 현상을 이해할 열쇠 중 하나가 부동산이라고 본다.

30대는 모두 화가 났다

국회입법조사처는 「제20대 대통령 선거 분석」 보고서를 통해 지지 후보의 당선을 위한 투표가 아니라, 상대 후보의 낙선을 위해 투표했다는 '부정적 투표' 비율을 측정한 적이 있다. 여론조사 결과를 바탕으로 연령별 지지 후보의 호감도와 상대 후보의 호감도를 뺀 값을 측정하는 방식을 썼다. 즉, 숫자가 높을수록 '상대편 후보가 싫어서 지지한다'는 의미다.

이 조사 결과 윤석열 후보를 지지하는 30대 남성의 '비호감에 따른 지지 감정'이 35점으로 가장 높았다. 윤석열이 좋아서가 아니라 이재명 혹은 민주당의 패배를 위해 투표한 비율이 '삼미남'에서 가장 도드라졌다는 의미다.[14] 바꿔 말하면 문재인 정부에 실망한 유권자 그룹을 윤석열이 이삭줍기하는 데 성공했다는 것이다. 민주당 측 청년의 생각도 듣기 위해 이곳저곳 찔러보았다. 현재 민주당 국회의원 선임 비서관 신분이라 실명을 드러낼 수 없는 1986년생 Y는 내 의견에 100퍼센트 동의한다면서 "주택을 구매한 30대는 구매 과정에서 화가 나고, 구매하지 못한 30대는 나만 뒤처지는 것 같아 화가 나는 상황을 초래한 거죠"라고 말했다.

이번에는 1988년생인 이동수 청년정치크루 대표에게 물어보기로 했다. 그는 2015년 청년정치크루를 결성한 뒤 주로 민주당과 협업해왔고, 자기 자신도 '범진보 계열'이라고 소개한다. 2017년 6월 자유한국당(현재 국민의힘) 국회의원·당협위원장 연석회의에서 "제 주변에 멀쩡한 생각을 가진 청년 중 자유한국당 지지자는 한 명도 없습니다. 부끄러운 줄 아십시오"라고 말해 배짱 좋은 인물로 유명세도 탔다.

그런 그조차 "1980년대 중후반 세대가 민주당에서 많이 이탈한 이유는 부동산 때문"이라고 잘라 말했다. "1980년대 중후반 세대가 사회생활을 시작한 지 몇 년이 지났잖아요. 돈도 어느 정도 모았을 때고 결혼을 생각할 시기죠. 그런데 문재인 정부 시기 30대를 보내면서 집값이 급등했습니다. 아예 집을 갖겠다는 꿈조차 못 갖게 된 겁니다."

내가 주목한 또 다른 지표는 서울 30대의 변심이다. 2022년 대선 방송 3사 출구조사에 나타난 지역별 30대 득표율을 보자. 윤석열 후보는 서울에서 55.5퍼센트를 얻어 39.6퍼센트에 그친 이재명 후보를 크게 앞질렀다. 윤석열 후보가 서울의 30대에게서 얻은 55.5퍼센트는 대구의 30대(71.0퍼센트)와 경북의 30대(67.3퍼센트)에 이어 전국에서 세 번째로 높은 수치다. 2021년 4·7 서울시장 보궐선거에서도 오세훈 후보가 박영선 후보를 18.32퍼센트포인트 차로 이겼다.

그간 한국 정치에서는 생경했던 풍경이다. 서울은 1987년 민주화 이후 치러진 일곱 차례 대선에서 보수정당이 7전 6패를 한 지역이다. 30대는 한때 '진보 세대'라 불릴 만큼 민주당·정의당 지지 성향이 강했던 집단이다. 그런데 서울의 30대가 TK(대구·경북)의 30대 다음으로 보수정당에 표를 많이 던졌다. 다시 강조하지만 분노나 심판의 정서 말고는 이해하기도 설명하기도 힘든 현상이다.

갭 투자 세대 vs 임차인 세대

"한편, 선거의 목적은 한 후보를 지지하는 사람들과 지지하지 않는 사람들을 반드시 분리하는 것이다. 게다가, 개인들은 적수가 있고, 또 자신과 다른 사람들의 차이를 인식할 때, 보다 효과적으로 결집하고 화합하게 된다. 따라서 후보는 자신뿐 아니라 자신의 적을 정의해야 한다. 그는 스스로를 드러낼 뿐만 아니라, 차별성도 제시해야 한다."[15]

– 버나드 마넹, 『선거는 민주적인가』

전망적 투표와 회고적 투표

선거에도 국지전과 공중전이 있다는 걸 처음 알게 된 건 대학 시절 수강한 '여론과 선거'라는 수업에서다. 나중에는 국회입법조사처장까지 역임한 저명 교수가 강의했는데, 솔직히 말해 내용은 하나도 기억나지 않는다. 추측하건대, 그 교수가 국지전이나 공중전처럼 정식 학술 용어도 아닌 표현을 썼을 것 같지도 않다. 내 기억에는 수강생 중 가장 똑똑해 보이던 복학생 선배가 발표에서인지 교수에게 질문하는 과정에서인지 대략 이런 말을 했다.

"국지전은 말 그대로 지역에서 바닥부터 기는 거고, 공중전은 여론과 프레임으로 싸우는 겁니다. 공중전을 이해하려면 전망적 투표와 회고적 투표를 알아야 합니다."

이 발언이 왜인지는 모르나 여태 끈질기게 뇌리에 남았다. 실제로 한국의 정치학자들이 오랜 관찰을 통해 경험적으로 발견한 바는 이렇다. 대선은 미래 정책과 국정 비전을 놓고 판단하는 경향이 짙어 대체로 전망적 투표가 이루어진다. 행정수도 이전(노무현), 한반도 대운하(이명박) 등은 논란을 만들기는 했으나 후보 나름의 미래 비전이라는 점에서 효과적인 선거 공약이었다. 총선은 현재의 국정에 대한 중간평가 성격이 강해 대부분 회고적 투표가 행해진다. 사실상 '코로나19 방역 투표'가 되어버린 2020년 4월 총선이 대표적이다. 지방선거는 투표율도 낮고 중앙정치 변수에서 영향을 받는 경우가 잦다. 이로 인해 대부분 회고적 투표에 의해 성패가 판가름 난다.

그러니 인기 없는 여당이 대선에서 이기는 비책은 한 가지뿐이다. 비주류로 꼽히는 후보를 앞세워 전망적 투표의 심리를 자극하고 회고적 투표의 성격을 희석시키면 된다. 정치 기사에 흔히 쓰이는 표현대로라면 '현직 대통령과의 차별화'다.

물론 그냥 단순히 비주류이기만 해서는 곤란하고 그 나름의 시대정신을 상징하는 후보여야 한다. 1987년 직선제 개헌 이후 대통령 선거에서 이 전략에 성공해 재집권에 성공한 경우는 딱 3번 있다. 1987년 노태우(민주정의당), 2002년 노무현(새천년민주당), 2012년 박근혜(새누리당)다.

지금이야 믿기지 않지만 1987년 당시 노태우는 전두환의 묵인하에 대통령과 차별화하는 행보를 폈다. 신군부 2인자였던 그가 내세운 슬로건은 심지어 '보통사람의 시대'였다. 박근혜는 이명박 집권기 내내 '여당 내 야당'의 역할을 했으니 굳이 차별화 행보를 연출할 필요조차 없었다. 다만 노태우나 박근혜는 경선 때부터 이미 '미래 권력'의 반열에 올라 당내에 마땅한 대항마가 없던 행운을 지녔다.

2002년의 노무현은 달랐다. 그는 대권 도전 당시 지지율 2퍼센트에 불과한 군소 후보였다. 그런 노무현이 여당 경선에서 당내 주류인 동교동계가 지원한 이인제를 눌렀다. 본선에서는 야당 후보 이회창이 외려 여당 후보처럼 보였다. 노무현이 체현한 반反기득권의 이미지가 이인제와 이회창을 기득권의 울타리 안에 가두는 효과를 냈다.

지지하는 사람들과 지지하지 않는 사람들

2022년의 이재명은 어땠을까? 2002년의 노무현은 전직 의원 신분이었다. 지원하는 현역 의원은 훗날 법무부 장관에 발탁되는 천정배 한 명뿐이었다. 처음 대선에 출마해 그렇게 큰 선거를 치를 만한 노하우도 부족했다. 2022년의 이재명은 현직 경기지사였다. '코어 그룹' 7인회를 비롯해 당내에 조직화된 현역 의원 지지 그룹이 존재했다. 두 번째 대선에 출마하는 만큼 이미 시행착오 경험이 있었다. 여기까지만 놓고 보면 노무현과 이재명 사이에는 차이점이 도드라진다.

그런데 두 사람 간에는 선거 구도나 전략상 공통점이라 볼 요소도 많다. 이재명은 문재인 정권 시기 내내 '비주류'로 분류되었다. 당내 경선에서는 주류가 지원한 전직 국무총리 이낙연과 경쟁했다. '이재명의 민주당'을 강조하면서 현직 대통령과의 차별화 전략을 꾀했다. 심지어 송영길 당시 당대표는 "문재인 대통령이 다시 출마하는 게 아니지 않느냐. 이재명 후보가 당선되는 것도 새로운 정권을 창출하는 것"이라고도 했다.

문재인 정부에 대한 반감이 표심에 영향을 줄 가능성(회고적 투표)을 상쇄하고, 자신이 꾸릴 정부의 색채는 다르다는 점을 어필(전망적 투표)하기 위해서다. 합리적 전략이다.

하지만 2022년 대선에서 1980년대생, 그러니까 30대는 이 재명의 노림수에 반응하지 않았다. 도리어 응징적 성격이 강한 '회고적 투표'를 단행했다. 이것은 부동산 자산 불평등에 대한 불만이 투표라는 행동으로 나타난 결과다. 원래 민주당 지지세가 강한 세대였으니 민주당으로서는 굉장히 뼈아픈 대목이다. 30대는 2020년 4월에 치러진 총선 때까지만 해도 전반적으로 40대(1970년대생)와 비슷한 투표 행태를 보였다. 그러다 2022년 대선을 통해 극적으로 변심했다. 다시 말하지만 부동산 이슈 말고는 이를 설명할 수 있는 요인이 없다.

2022년 대선에서 부동산 이슈가 투표에 미칠 영향을 실증적으로 증명해준 연구도 있다. 강원택 서울대학교 정치외교학부 교수는 제20대 대선에서 제기된 이슈 중 가장 큰 영향을 미친 것은 '문재인 정부의 부동산 정책 실패'라고 보았다. 그의 연구에 따르면, 설문조사 응답자의 31.1퍼센트가 투표 결정에 영향을 미친 제1순위 이슈로 부동산 문제를 꼽았다. 1·2 순위

응답을 합친 비율도 38.9퍼센트로 가장 높았다. 특히 서울과 경기도, 인천 등 수도권에서 문재인 정부의 부동산 정책 실패가 투표에 영향을 미쳤다고 답한 비율이 높았다. 또 세종과 대전 등 충청권에서도 그 비율이 높았다. 수도권 부동산값 급등의 여파가 충청권으로 미쳤기 때문이다. 이렇게 생각하는 유권자들은 윤석열 후보에게 투표한 경향이 두드러졌다.[16]

사실 이재명 후보로서는 억울할 수도 있다. 실패했건 성공했건, 자신이 실행했거나 관여한 적이 없는 정책이기 때문이다. 또 그는 대선에서 생애최초 주택 구매자에 한해 LTV를 최대 90퍼센트(현행 최대 70퍼센트)까지 올리고, 청년층에 용처를 묻지 않는 기본대출(한도 1,000만 원)을 해주겠다고 공약했다. 윤석열 후보는 생애최초 주택 구매자에게 LTV를 80퍼센트까지 올리고, 중위소득 120퍼센트 이하 청년층에 임차보증금 최대 2억 원을 최장 10년간 저리低利로 대출해주겠다고 공약했다. 공약만 놓고 보면 부동산에 관한 한 이재명 후보가 훨씬 파격적이었다. 그런데도 국민의힘을 택했다? 그만큼 30대 사이에 누적된 반감이 컸다는 방증이다.

다른 한편으로는 30대가 미래 공약보다는 문재인 정부의 부동산 정책에 대한 '단발성 심판 투표'로 대선의 성격을 규정했다는 말도 된다. 누군가를 혼내주려고 마음먹으면 그 외에는 아무것도 보이지 않기 마련이다. 미국의 뉴욕대학 정치학과 교수인 버나드 마넹Bernard Manin의 말처럼 선거의 목적은 한 후보를 지지하는 사람들과 지지하지 않는 사람들을 반드시 분리하는 것이다. 그런데 2022년 대선에서 30대에 한정해보면 한 정책을 지지하는 사람들과 지지하지 않는 사람들로 구도가 나뉜 셈이 되었다.

부동산 정책이 한 세대를 할퀴었다

반대로 40대는 30대가 어떤 선택을 하건 말건 계속해서 민주당에 대해 견고한 지지를 보냈다. 총선, 대선, 지방선거 내내 마찬가지였다. 40대는 민주당의 미래 정책을 보고 전망적 투표를 한 것일까? 그렇지 않다는 게 『세습 중산층 사회』를 쓴 조귀동의 생각이다. 현직 경제지 기자이기도 한 그는 각종 데이터와 표심 간 연결 고리를 찾는다.

그가 보기에 40대의 견고한 민주당 지지세는 현재의 경제적 이해관계에 뿌리를 두고 있다. 그렇다면 이 역시 문재인 정부에 대한 평가를 기준으로 삼고 있는 회고적 투표다. 그는 대선 이후 「민주당을 지지한 불혹의 이유들」이라는 칼럼에서 이런 통계를 소개한 적이 있다. 조귀동은 1982년생 이하부터 상황이 크게 달라졌다고 진단했는데, 이 책이 다루는 범凡1980년대생(1983~1992년생)과 겹친다.

"2020년 주거실태조사 마이크로데이터를 가지고 출생연도에 따른 주거 상황을 분석했다. 자가 거주 비율이 1982년생(52.0퍼센트)을 기점으로 급격히 하락했다. 대신 월세 거주가 늘어났다. 1986년생의 경우 10분의 3이 월세 임차인이다. 다주택자 비율은 1980년생(9.9퍼센트)까지 10퍼센트 안팎을 유지했다. 하지만 1983년생은 5.9퍼센트로 뚝 떨어졌다. 40대는 전세를 끼고 주택을 매입하는 '갭 투자'를 비롯해 자산 증식 기회가 있었지만, 30대에게 근로소득으로 자가를 매입하기란 여간해서 어려워졌다."[17]

무슨 말일까? 토마 피케티Thomas Piketty의 논지를 생각하면 이해가 쉽다. 피케티가 보기에 국민소득에서 자본소득의 비중이 높아져왔고 자본소득은 노동소득에 비해 훨씬 불평등하게 분포해 있다. 그간의 역사를 보면 자본수익률은 경제성장률보다 높게 형성되어왔다. 자본이 스스로 증식해 얻는 소득, 다시 말해 돈이 돈을 버는 속도나 규모가 일을 해서 소득을 늘리는 것보다 빠르다는 이야기다. 그렇다면 성장이 더뎌진 시기에는 이미 자본을 갖고 있는 사람과 그렇지 못한 사람 사이에 불평등이 더욱 심화할 수밖에 없다.[18]

다시 조귀동의 논지로 돌아가 보자. 그의 말대로라면 1983년생부터는 월세 거주가 늘고, 특히 1986년생의 셋 중 하나는 월세를 내고 산다. 이름을 붙인다면 '임차인 세대'다. 40대는 '갭 투자'를 통한 자산 증식, 즉 피케티식 논리대로라면 자본이 스스로 증식해서 얻는 소득을 취할 수 있던 세대다. 말 그대로 '갭 투자 세대'다. 30대에게는 40대가 쥐었던 카드가 주어지지 않았다. 자산을 얻는 데 노동소득은 별다른 역할을 하지 못한다는 걸 30대를 포함해 전 세대가 알고 있다. 조귀동에게 전화를 걸어 물어보았다. "왜 30대의 약 20퍼센트가 민주당에서 이탈했다고 보세요?" 그의 답변은 이렇다.

"1980년대 초반 출생부터 부동산 자가 거주 비율이 급격히 낮아져요. 예전에는 나이가 들면서 노동소득을 축적해 부동산을 취득할 수 있었는데, 그 사다리가 완전히 붕괴된 거죠. 1980년대생의 '라이프 사이클'로 보면, 30대 중반 정도부터 뭔가 절벽이 무너져 내리는 느낌을 갖게 된 것이에요. 두 번째로 볼 대목이 결혼이에요. 돈이 없으니까 결혼을 못하는 것인데, 특히 남자들은 심합니다. 이런 현상들이 극대화한 게 문재인 정부 시기입니다. 그런 문제는 해결해주지 못하면서 한편에서는 '조국 사태' 같은 게 터진 거죠. 거기서 40대와 30대의 민주당에 대한 지지율이 갈리는 원인을 찾을 수 있어요."

'조국 사태' 이후에도 30대는 "그래, 마음에는 안 들지만 그래도 민주당이 낫지"라는 정서를 갖고 있었다. 방송 3사 출구조사 기준으로 2020년 4월 총선 때까지 30대는 민주당의 꽤 강고한 지지층이었다. '조국 사태'를 보며 불공정하다고 생각은 하지만 당장 나의 경제생활에 미치는 타격은 없기 때문이다. 이른바 '조국 반대 집회'를 주최하거나 참여한 이들의 상당수는 30대보다는 20대였다. 아마 대학과 대학원 입학의 불공정성이 그들의 분노에 불을 붙였을 것이다.

상황은 달라졌다. 이번에는 30대가 화가 났다. 이들에게 문제는 정치개혁이나 검찰개혁이 아니다. 내가 사다리 한 단계를 올라가느냐 마냐가 중요하다. 그런데 사다리가 놓인 그 땅 자체가 정글이 되었다. 그리고 그 정글에서 내가 좌초하고 말았다. 문재인 정부가 짜놓은 질서 속에서 자산을 얻을 수 없는 절망감이 이들을 감쌌다. "이대로라면 '금수저'가 아닌 이상 노력만으로는 주택을 갖기 어려울 겁니다"라던 전명선의 말이 생각났다.

조귀동에게 마지막으로 물었다. "반면 40대는 유독 민주당 지지 성향이 강하잖아요?" 그가 한마디로 답했다. "40대는 '갭투자' 세대니까요." 맞다. 30대도 40대도 모두 2022년 대선에서 회고적 투표를 했다. 그리고 그것은 철저히 이익 혹은 손해에 기반한 투표였다. 문재인 정부의 부동산 정책은 자산을 갖춘 40대에게 더할 나위 없이 유리했다. 그렇지 못한 30대에게는 말할 것도 없이 불리했다. 정책 탓에 승자와 패자가 갈렸고, 표심도 나뉘었다. 한 정부의 부동산 정책은 그렇게 한 세대를 할퀴었고, 다른 한 세대는 보듬은 채 지나갔다.

제장

어쩌다
1980년대에
태어나

월세 인생, 고금리 인생

"결국 만만해 보이는 목돈 마련처가 없다는 것이 현재 밀레니얼 세대가 직면한 현실입니다. 자산 형성이 이렇게 어려워지면 이는 곧장 부의 양극화로 연결됩니다. 물려받은 자산이 있다면 어떤 형태로든 불릴 수 있지만, 그렇지 않은 대부분의 평범한 젊은이들에게는 목돈을 만들 상황 자체가 오지 않습니다."[1]

— 홍춘욱 · 박종훈, 『밀레니얼 이코노미』

고시원과 월셋집을 전전하다

어느덧 제주보다 서울에서 산 기간이 더 길다. 15년 넘게 여러 집을 전전했다. 주거 경험은 한 개인의 넋에 짙은 자국을 남긴다. 스무 살 이후 나의 방은 늘 좁거나 낮거나 어두웠다. 그리고 냄새가 났다.

2004년 1월, 나는 재수를 하기 위해 서울에 왔다. 재수에 성공하려면 서울에 가야 하는 줄 알았다. 서대문구에 있는 입시 학원에 등록하고 근처 하숙집에 들어갔다. 2인 1실을 썼다. 하루 두 끼 주는 것치고 저렴했다. 월 30만 원쯤 냈다. 그 대신 밥에서 냄새가 났다. 주인장이 오래된 쌀을 쓴다는 건 나중에야 알았다. 일주일에 한 번쯤 나오던 제육볶음에서도 비릿한 냄새가 풍겼다.

한두 번이면 참겠는데, 반복되니 견디기 힘들었다. 한 끼 두 끼 거르다 한 달 새 7킬로그램이 빠졌다. 상경한 어머니가 내 얼굴을 보고 기겁해 그날로 짐을 싸서 다른 하숙집으로 옮겼다. 이전에 살던 방보다 월세를 2배 이상 더 냈다. 나는 수험생 신분이라 부모님이 무리를 해서 냈다. 그래도 밥맛이 3배쯤은 좋아져서 자본주의의 힘을 실감했다.

대학 입학 뒤에는 학교 인근 하숙집에 살았다. 매달 45만 원을 냈는데, 내가 학원에서 중학생들에게 사회 과목을 가르치며 번 돈을 보탰다. 또 하숙집을 고집한 이유는 제때 밥을 챙겨먹기 위해서였다. 한 학기 살고 보니 하숙집에서 밥 먹을 일이 거의 없었다. 동기들과 먹거나, 동아리방에서 짜장면이나 탕수육을 시켜먹었다.

그때 옮긴 곳이 보증금 100만 원에 월세 35만 원짜리 J고시원이다. 공용 주방에 조리 도구도 비치되어 있어 간단한 수준의 요리는 가능했다. 그래서 늘 캔 참치를 10개씩은 구비해놓고 살았다. 찌개, 전, 볶음밥, 비빔밥 등 대부분의 '자취 요리'를 참치로 만들 수 있다는 걸 그때서야 알았다.

그러던 어느 날, 동아리 선배를 따라 학교 후문 앞 S고시원에 놀러갔다. 내가 사는 J고시원보다 방 넓이가 1.5배쯤 컸다. 기분 탓인지 공용 주방도 쾌적해 보였다. 정말로 기분 탓인지 관리인도 더 친절해 보였다. 내 느낌인지는 모르겠으나, 옆방에서 들리는 소음도 J고시원보다 작았다. 때마침 선배가 말했다.

"너도 빨리 여기로 와. 내가 살았던 고시원 중에는 여기가 가장 좋더라."

내가 물어보니 J고시원보다 7만 원 비싼 42만 원이었다. 다행히 보증금은 똑같았다.

"술값 아끼지 뭐."

그렇게 나는 고시원을 업그레이드하는 쪽을 택했다. 그리 오래 머물지는 않았다. 고향에 있던 동생이 서울로 대학을 진학하게 되어 함께 살 집을 알아봐야 했다. 신축 건물을 찾아보기로 했다. 그즈음 적당한 매물이 나왔다. 작은 거실과 세탁기 옵션이 있는 투룸에 가까운 1.5룸이었고 복층 구조였다. 월세로 75만 원 정도 냈다. 고시원에 비하면 보증금 부담이 컸는

데, 부모님이 있는 돈 없는 돈 끌어모아 보태셨다.

쾌적하고 편리해서 좋았지만 괜한 사치를 부린 것 같아 마음에 걸렸다. 고향에 계신 부모님의 경제 능력은 늘 제자리걸음을 했다. 동생과 의논 끝에 보증금 100만 원에 월세 23만 원짜리 반지하방으로 옮겼다. 영화 〈기생충〉의 기택이네 집과 비슷한 바로 그 방이다. 반지하방에 살 때 집에 들어가기가 싫었다. 그 대신 도서관에 있는 시간이 많았다. 중앙열람실로 가서 이런저런 인문사회과학 도서를 빌려 읽었다. 지표면 밑으로 들어간 대신 삶의 자양분이 된 지식을 얻었다.

'장기 인플레이션'의 시대

사정이 좀 나아진 뒤 다시 원룸에 입성했다. 월세로 55만 원을 냈다. 그러다 학교 근처가 지겨워 이사한 곳이 약수역이다. 아파트여서 좋긴 했는데 월세가 소스라치게 비싸 얼마 못 살았다. 그 뒤 늦은 나이에 군대에 갔고, 전역한 뒤 화곡동 원룸에서 동생과 함께 살았다. 보증금 1,000만 원에 월세가

65만 원 정도였던 걸로 기억한다. 다 큰 남자 둘이 원룸에 사는 건 고역이었다. 밤에 일하는 동생은 주로 낮에 잠을 청했다. 그 시간에 나는 카페에 가서 글을 썼다. 언론사 입사에 성공한 시기도 이즈음이다. 돌이켜보면 내가 기자가 되는 데는 반지하방 덕에 얻은 독서력과 좁아터진 원룸 덕에 얻은 습작 이력이 가장 큰 역할을 했을지도 모른다는 생각이 든다.

취직한 후에는 충정로역 인근에 있는 낡은 주택 2층에 입주했다. 교통이 좋긴 했는데, 계단이 가팔라서 여러 번 넘어졌다. 그런데 집 구조가 독특했다. 양옆으로 다른 집들과의 간격이 채 1미터도 되지 않았다. 대체 어떻게 건축했나 싶었다. 양 옆집에 가려 해가 들지 않았다. 낮에도 불을 켜고 살았다. 그 대신 1층에 사는 주인 부부가 친절했고 월세도 시세보다 저렴했다.

직장인으로 몇 년 살고 나니 내 힘으로 보증금을 마련하는 게 어렵지 않았다. 공덕역 인근 방 3개짜리 빌라로 옮겼다. 서울에 온 지 14년 만의 일이었다. 어머니, 동생, 내가 하나씩 방을 썼다. 아버지도 가끔 비행기를 타고 제주에서 오셨다. 전에 살던 집이었다면 어림도 없었을 일이다. 월세로 90만 원을 냈다. 그렇게 결혼 전까지 살았다.

돌아보면 열아홉 살부터 서른네 살까지 세입자 신세였다. 유년기에도 내 흐릿한 기억 속에는 늘 집주인이라는 존재가 있었다. 부모님 사업이 잘될 때는 짧게나마 으리으리한 '우리 집'에 살기도 했다. 그때는 집에 친구들을 많이 불렀다. 그 시간은 화살처럼 지나갔다. '남의 집'에 살 때는 주로 내가 친구들의 집에 놀러갔다. 대략 2년에 한 번꼴로는 이삿짐을 쌌다. 나의 인생 전체로 봐도 최소 4분의 3 이상은 누군가의 집을 임차해 살았다.

따지고 보면 지금도 은행에 월세를 내는 처지다. 금리가 오르면서 다달이 낼 돈이 늘어나고 있기도 하다. 나와 아내 둘 다 개설한 마이너스 통장 금리가 확 뛰어 고정 지출이 적잖게 커졌다. 당황스럽지 않다면 거짓말인데, 사실 크게 혼란스럽지는 않다. 나는 시기의 문제일 뿐 저금리가 오랫동안 계속되리라고 생각해본 적이 없다. 내가 대단한 경제학적 지식을 갖춰서가 아니다. 글로벌 저금리 기조가 20년 넘게 이어지면서 상황이 바뀔 만한 시점이 오고 있다고 생각했기 때문이다.

나의 막연한 전망은 책 한 권을 읽고 난 뒤 확신으로 바뀌었다. 모건스탠리 출신인 찰스 굿하트Charles Goodhart와 마노즈

프라단Manoj Pradhan은 『인구 대역전』에서 앞으로 30년 이내에 글로벌 인구 구조의 변화와 역세계화로 인해 '장기 인플레이션'의 시대가 올 것이라고 주장했다. 이 책은 상당히 어려운데, 저자들이 내세운 근거를 단순화하면 이렇다.

과거 40년 동안 전후 베이비붐 세대의 등장 등 노동인구가 급증했고, 여성의 노동시장 참여도 앞 시대에 비하면 활발했다. 여기에 탈냉전 이후 저임금 노동시장을 갖춘 중국과 동유럽 등이 글로벌 자본주의에 편입되었다. 이로 인해 낮은 물가와 이자율이 유지되었다. 이것이 '세계화의 시대'였다. 이제 중국은 과거와 같은 초기 개발도상국 처지가 아니다. 선진국 대부분은 고령화 추세에 들어선 지 오래다. 이는 30대 이후로 부모 돌봄의 부담을 키우는 요인이 된다. 돌보는 일에는 시간과 노력뿐만 아니라 돈도 든다. 이것도 소비다. 생산보다 소비의 규모가 커지면 인플레이션은 올 수밖에 없다. 그러면 인플레이션을 잡기 위해 금리를 올리려는 움직임이 나타나는 게 필연적이다. 따라서 장기적으로는 고금리 시대가 도래하리라고 예측하는 게 합리적이라는 것이다.

"단기금리는 중앙은행의 통화정책에 따라 결정된다. 중기

금리까지는 정책에 영향을 받는다. 반면 장기금리는 시장의 힘에 더 좌우된다.……우리는 이렇게 전망한다. 단기 실질금리는 낮게 유지되고 예컨대 10년 장기 실질금리는 상승할 것이다."[2]

가장 재수 없는 세대

찰스 굿하트와 마노즈 프라단의 전망을 내 삶에 대입해보면 어떨까? 나는 스무 살 이후 인생의 대부분을 월세를 내며 살았다. 그리고 앞으로 20~30년간 유지될 고금리 기조에 따라 은행에 월세를 내야 할 처지다.

고금리는 저축에 도움이 되지 않겠냐고? 대부분의 경제 전문가들은 은행 예금 이자가 절대 물가상승률만큼 오르지 않는다는 점에 동의한다. 그리고 지출이 늘어나는 데 어떻게 저축을 늘린다는 말인가? 인플레이션에 맞춰 임금이 상승할 가능성도 크지 않다. 겉으로는 연봉이 올라도 물가는 더 올라 실질적인 소득은 줄어드는 경험을 하게 되는 것이다.

이 모든 게 나만의 사정일 리는 없다. 1980년대 이후에 출생한 세대가 저금리 기조 속에서 행운을 누릴 가능성은 극히 희박해졌다. 미국의 밀레니얼millennial도 이전 세대보다 훨씬 적은 금액을 저축하고 월급의 훨씬 많은 부분을 육아와 월세에 쓰고 있다고 하니 가히 글로벌 현상이라고 할 만하다.[3] 설상가상으로 한국의 초고령화 속도는 세계에서 가장 가파른 편이다. 벌기보다 쓰기가 더 일상적인 시대가 다가오는 중이다. 제로 금리의 시대는 종지부를 찍었다.

이에 더해 인플레이션의 일상화는 시장의 불안정을 뜻한다. 젊은 세대는 늘 시장의 상황을 주시하면서 그때그때 적절한 대응책이 무엇인지를 눈을 부릅뜬 채 찾아내야 하는 '피로화된 시대'에 살 것이다. 지금의 20대와 30대 공히 자산시장에서 지금으로서는 가장 재수 없는 세대가 될지도 모른다. 2022년 8월 거시경제 전문가인 김용범 전 기획재정부 제1차관을 만나 장기 고금리 시대가 오겠느냐고 물었을 때 이런 답을 들었다.

"판이 완전히 달라졌잖아요. 우리나라만이 아니라 전 세계가 인플레이션을 잡는 데 실패했어요. 그러면 금리는 분명 올라가죠. 장기금리의 향방에 대해 어떤 생각을 갖고 있느냐가 재정정책을 결정하는 데 굉장히 중요한 기준이 되지요. 그런데 누가 지금 확신을 갖고 말할 수 있겠어요? 글로벌 시장에선 내년 봄이 되면 금리가 낮아진다고 보고 있거든요. 그런데 나는 시장이 지금 오판하고 있다고 봐요. 너무 안이하게 본다고요. 금리가 한참 오를 것이고, 인플레이션도 그렇게 쉽게 가라앉지 않을 겁니다. 이것이 2~3년 있다가 사라지는 게 아니라, 완전히 새로운 환경이라는 게 내가 신뢰하는 많은 사람의 의견이에요."

주변의 많은 또래가 재테크에 몰두한다. 너도나도 '경제적 자유'를 외친다. 한 직장에 오래 다니는 대신, 더 나은 기회를 찾아 이직하기를 두려워하지 않는다. 행정고시에 합격한 20~30대 젊은 사무관들이 채 5년도 일하지 않고 민간으로 옮기는 사례가 연일 보도된다. 과도한 업무량과 대기업에 비해 낮은 임금 등으로 MZ(밀레니얼+Z)세대의 공무원 선호도가 낮아졌다.[4] 요새 젊은 사람들은 너무 단기 이익에만 매몰되어 있다고? 오히려 반대다. 지난 수십 년간 유지된 '글로벌 스탠더드'가 이제 유효하지 않다는 걸 온몸으로 알고 있는 것이다.

국가는 우리를 책임져주지 않는다. 공직이 안정적 일자리라는 건 옛말이다. 월급과는 별개의 소득 창출 수단을 찾아야 하고, 당장의 매출이나 평판보다는 미래의 성장 가능성이 훨씬 큰 직장으로 이동해야 한다. 그래야 진정한 자유를 실천할 수 있다. 구조와 환경, 정책이 제공하는 경제적 사다리 따위는 더는 존재하지 않는다. 금수저가 아닌 사람이 기댈 언덕은 없다. 내가 나를 지키지 않으면 나의 삶은 일그러진다. 우리는 뉴밀레니엄의 삶에서 그걸 배웠다.

문화적 선진국의 첫 시민

"문 대통령은 알파벳 K가 전 세계에서 한국
을 의미하는 수식어가 되고, 1990년대 후반
작은 물결에 불과했던 한류가 거대한 파도가
되어 'K-붐'을 만들어내고 있는 상황을 언급
하며, 한류 및 연관 산업을 통해 한국의 국가
브랜드 가치가 더욱 높아지고 우리 경제가
한 단계 더 도약할 수 있게 되기를 바란다고
밝혔다."[5]

– 청와대, 「문 대통령, K-박람회 현장 방문…
"한류를 넘어 'K-붐'으로」」

열등감의 K

한창 문화계를 취재하고 다닐 때, 습관적으로 'K-팝', 'K-웹툰' 등의 단어를 남발했다. 한류에 관한 한 잘 아는 편이라고 허세를 부린 적도 있다. 내 알량하고 허황된 내면의 본모습을 들킨 것 같아 지금도 부끄럽다. 언젠가 「'대중음악의 메카' 영국·미국에 상륙한 K팝」이라는 기사를 썼다. 첫 문장은 "K팝이 록음악의 심장부인 영국과 음악 산업의 심장부인 미국에 차례로 상륙했다"였다. 발로 뛰어 취재한 적은 없다. 베껴 쓰다시피 한 글이다. 당시 출입하던 한국콘텐츠진흥원에서 내놓은 보도자료를 살짝만 고쳐 썼다. 지금이나 그때나 언론계에는 그런 독버섯 같은 관행이 있다. 과거에 독버섯을 너무 먹었는지 여태 피부가 매끈해지지 않는다. 나는 반성한다.

어쨌든 내 딴에는 누가 보리라고 생각해 쓴 기사가 아니었다. 매일매일 내게 할당된 기사량을 채우기 위해 습관처럼 노트북을 두드렸을 뿐이다. 대부분의 기자에게는 별반 특별할 게 없는 일상이다. 며칠 뒤, 알고 지내던 문화계 인사 J가 해당 기사를 링크하면서 카카오톡 메시지를 보내왔다.

"고 기자, 나는 K팝이라는 단어도 그리 좋아하지 않지만 편의상 쓸 수 있다고 보네. 나 역시 딱히 다른 단어가 떠오르지도 않고. 그런데 기사를 보면 후진국 음악이 선진국 시장에 겨우겨우 숨 쉴 공간을 마련했다는 의미처럼 읽히더구만. 그런 열등감을 언론인들이 나서서 굳이 표출할 필요가 있을까?"

나는 찬물을 맞은 듯 정신이 번쩍 들었다. 내가 열등감을 표출했다니. 관행을 따르다가 의도치 않은 담론을 설파했던 것이다. 그 이후에도 도저히 대체할 만한 용어가 떠오르지 않아 K-팝이라는 단어는 몇 차례 더 썼다. 그래도 이 일을 계기로 나름 경각심을 갖게 되었다.

지금의 나는 모든 종류의 'K' 브랜딩을 싫어한다. 아니, 반대한다. K-방역, K-백신, K-에듀, K-드라마, K-푸드, K-뷰티, K-방산, K-ESG, K-스타트업 등 온갖 K 타령에 신물이 난다. 나중에 눈 밝은 누군가가 'K의 시대'라는 책을 한 권 써주었으면 좋겠다. 'K'는 문재인 정부 시기 관제官製 유행어였다. 이건 기록으로도 남아 있는 명백한 팩트다. 2021년 11월 서울시 강남구 코엑스에서 문화체육관광부 등 정부 부처 6곳이 합심해 '2021 K-박람회'를 열었다. 한류 콘텐츠 등을 홍보하겠다는 취지였다. 심지어 대통령까지 참석했다. K-박람회라니……. 미국이 A-박람회를 열거나 일본이 J-박람회를 열면 자못 그로테스크해 보이지 않을까? 그 행사가 열렸다는 소식을 듣고 내 기분이 그랬다.

윤석열 정부의 행보도 K의 유혹에서 자유롭지 않다. 2022년 8월 24일 'K-전동차'라는 단어가 붙은 기사를 몇 개 보았다. 이날 국토교통부가 내놓은 보도자료 '고대 문명국 이집트에 K-전동차 달린다'를 거의 그대로 따다 붙인 기사들이었다. 그 내용은 이랬다. 국내 한 대기업이 이집트 카이로 메트로 2·3호선에 약 8,600억 원 규모로 전동차량 공급 사업을 수주했다는 것이다. 자세히 읽어보면 물량의 25퍼센트는 이집트 회사와 함께 제작한다.

한국 기업의 기술력을 활용하는 셈이니 수출 성과인 건 맞다. 그런데 굳이 정부 부처가 나서서 K-전동차 타령까지 해야 했을까? 보도자료 말미에는 국토교통부 관계자 명의로 "우리의 우수한 철도차량 기술과 정부의 적극적인 수주 외교가 결합된 K-인프라 수출 성과"라는 코멘트까지 딸려 있었다. 이 보도자료를 베껴 쓴 기사들에도 해당 관계자의 실명까지 적시되어 그대로 실렸다. 과장된 긍지는 콤플렉스의 발로다. 결핍이자 아웃사이더 의식이다. 거기에는 선진국이라는 유토피아를 설정해 영원히 따라잡아야 할 것만 같은 뉘앙스가 담겨 있다. 내가 '대중음악의 메카 영국·미국에 K팝이 상륙했다'고 쓴 건 좀 심하게 말하면 식민지적 정서다.

여기에는 피라미드의 하부에서 한 단계씩 올라가야 한다는 무의식이 담겨 있다. 이를 위해 국가의 역량을 총력 투입해야 한다는 사고도 함축되어 있다. 이것은 또 다른 의미에서 국가 주도 산업화 프로젝트다. K의 유니버스에서 한국은 영원히 '패스트 팔로어fast follower'다. 수십 년간 추격자로 살아서 이제

겨우 따라잡았는데, 앞으로도 추격만 하자고 하면 구성원들이 동의하겠는가? 내가 온갖 형태의 K를 접할 때마다 뾰족한 반발감이 생기는 건 바로 그 때문이다.

온전한 '한국적 대중문화'라는 게 존재하는지도 의문이다. 세계화 시대에 문화와 문화는 서로 침투한다. 한국 대중음악에는 사실 미국 대중음악의 흔적이 적잖게 묻어 있다. 1950년 6·25전쟁 이후 미군 주둔지를 중심으로 미국 대중음악이 한국 사회에 퍼지기 시작한 역사가 있기 때문이다.[6] 삐딱하게 보면 문화 제국주의라고 일갈해버릴 수도 있겠다. 다른 각도에서 보면 타국의 문화를 수십 년간 가다듬어 제 나름으로 재해석했다고 평가할 수도 있는 일이다. 어느 쪽이건 한국만의 특수한 사정이 아니다.

86세대는 전복, X세대는 반란

베이비부머 세대(1955~1963년생)는 보릿고개를 함께 넘었다는 동류의식을 가졌다. 경제성장의 열차를 밀고 끌며 산업화를 일구었다는 자부심이 이들의 사고방식에 배어 있었다. 근면, 성실, 새마을운동 등의 단어가 전 세대의 사고방식을 주름잡았다. 베이비부머 세대의 막내들은 그 유명한 86세대(1980년대 학번, 1960년대 출생)의 일원이기도 했다. 86세대는 불의한 세상을 고발하고 뜨겁게 싸운 세대였다. 가치, 헌신, 희생, 투쟁, 민중, 민족 따위의 단어들이 86세대의 망탈리테 mentalités(집합적 무의식의 총체)를 구성했다.

X세대(1970년대생)는 달랐다. 이들은 '신新세대'와 '신新인류'로 불리며 1990년대에 화려하게 출현했다. X세대는 '집단 vs 개인' 구도에서 처음으로 후자에 무게 중심을 둔 세대였다. 그것만으로도 이들 세대에는 커다란 역사적 공적이 있다고 생각한다. 1990년대는 대중 소비문화가 본격 개화한 시기이기도 했다. 86세대가 운동의 영역에서 전복을 꾀했다면, X세대는 문화의 영역에서 반란을 꿈꾸었다. '서태지와 아이들'은 X세대를 대표하는 아이콘이었다. 그런 '서태지와 아이들'조차 출발선에 불과했다.

X세대에서 방시혁(1972년생), 양현석(1970년생), 박진영(1971년생), 김태호(1975년생), 나영석(1976년생) 등 한류의 핵

심 브레인이 대거 등장한 건 우연이 아니다. 유재석(1972년생), 신동엽(1971년생), 강호동(1970년생), 김성주(1972년생), 박명수(1970년생), 남희석(1971년생), 김구라(1970년생), 이휘재(1972년생) 등 당대를 주름잡은 스타 MC도 모두 X세대였다. 이정재(1972년생), 이병헌(1970년생), 정우성(1973년생), 황정민(1970년생), 하정우(1978년생)는 지금도 영화계에서 롱런하고 싸이(1977년생), 김동률(1974년생), 이적(1974년생), 자우림 김윤아(1974년생)는 공연계에서 여태 티켓 파워를 자랑한다. 이것은 아주 독특한 현상이다. 다른 분야에서는 윗세대에 가로막혀 거의 질식당해버린 X세대가 문화계에서만은 강력한 패권을 행사한다. 이들은 50대가 되어서도 여전히 현역이다.

이철승 서강대학교 사회학과 교수는 1998년부터 2017년까지 국내 100대 기업의 임원 총 연인원 9만 3,000여 명의 분포를 분석한 적이 있다. 그 결과 2000년대 초반 1960년대생이 100대 기업 이사진에서 차지한 비율은 9퍼센트였다. 10년 뒤 이 비율은 60퍼센트로 치솟았다. 1960~1964년생은 2010년대 후반에도 100대 기업 이사진의 37퍼센트를 점유해 1위였다. 1965~1969년생은 35퍼센트에 달한다. 반면

1970~1974년생이 임원진에 진입한 비율은 9.4퍼센트에 그쳤다.[7] 정치권에서 86세대의 영향력이 막강하다는 건 더 설명할 필요도 없는 현상이다.

문화적 열등감이 없다

1975년생 김민희가 쓴 『다정한 개인주의자』의 부제는 'K-컬처를 다진 조용한 실력자 X세대를 위하여'다. K-컬처라는 단어를 굳이 쓸 필요가 있었을까 싶긴 하나, 다음과 같은 해석에는 대체로 동의한다. "X세대는 늘 대중문화의 최전선에 자리했다. 유행을 이끌고, 새로운 문화 코드를 만들어내고, 열정과 실력으로 다진 문화력을 전 세계에 퍼뜨렸다."[8]

대체로만 동의하는 이유는 마지막 한 문장 때문이다. "문화력을 전 세계에 퍼뜨렸다." 문화의 생산자는 유행을 이끌고 새로운 문화 코드를 만들어낸다. 그런 의미에서 그들은 기획자이자 연출자다. 그런데 문화력을 퍼뜨리는 건 수용자다. 생산자를 떠난 문화는 수용자에 의해 운명이 정해진다. 이전 세대와는 다른 감성과 품질의 콘텐츠를 만든 건 1970년대생이지만, 그것이 시장에 자리 잡게 만든 당사자는 1980년대 이후 출생한 세대였다.

곱씹어보면 너무나 당연한 이야기다. 정치는 어떤가? 2002년 '노무현 열풍'의 주역을 노무현(1946년생) 또래인 1940년대생이라고 하면 실없는 사람 취급을 당할 것이다. 1940년대생(당시 50대)의 57.9퍼센트는 이회창(1935년생)을 지지했다.[9] 2012년 '안철수 현상'의 주역도 안철수(1962년생)의 친구들인 1960년대생이 아니라 1970년대 이후 출생한 세대였다. 이준석(1985년생)을 당대표로 만든 주역도 후세대, 그러니까 1990년대생이다. 그러니 한국 대중문화의 생산·전파·인기가 낳은 모든 열매를 X세대가 독점할 이유는 없다.

1980년대생은 1990년대 후반에 등장한 아이돌 그룹을 통해 한국 음악도 세련될 수 있다는 사실을 처음 알게 된 세대다. 우리는 KBS 〈가요톱10〉을 보면서 저마다의 우상을 응원했고 PC통신을 통해 H.O.T., 젝스키스, 신화, god, 핑클, S.E.S.에 대해 대화했다. 각자의 팬덤에 속해 취향의 공동체를 영위했다.

우리는 〈쉬리〉, 〈공동경비구역 JSA〉 등의 영화를 통해 한국형 블록버스터가 홍콩 영화보다 낫다고 생각한 세대였다. 〈쉬리〉가 보여준 도심 속 총격 액션은 한국 영화의 기술적 진화를 상징했다. 그뿐이랴. 1973년생 박찬호가 미국 메이저리그에서 돌풍을 일으키고, 1977년생 박세리가 US오픈에서 우승했을 때 가장 환호했던 세대이기도 했다. 태어나면서부터 컬러텔레비전과 프로야구를 즐긴 세대였다.

그것은 애국심이나 긍지와는 오롯이 다른 정서였다. 1983년생 노정태 경제사회연구원 전문위원은 "나는 넷플릭스 〈오징어 게임〉이 세계적으로 잘나간다는 말을 들어도 감동적이지 않다"고 말했다. 놀라운 일이지만 처음 겪는 일이 아니라는 이유에서다. 내 생각도 마찬가지다. 1980년대생은 한국 문화도 '퍼스트 무버first mover'일 수 있음을 어릴 적부터 깨달은 세대다. 그들에겐 선진국 콤플렉스가 없다. 01학번인 노정태는 1970년대생과 1980년대생을 이렇게 비교했다.

"1980년대생에게 1990년대 대한민국은 후진국 티를 벗기 시작한 나라죠. 1970년대생에게 1980년대 말부터 1990년대 초 대한민국은 북한과 별 차이가 없는 나라였습니다. 그 윗세대는 국가에서 반공 영화·반공 만화를 보라고 강요받았어요.

멋지고 세련된 해외 문물에 대한 동경심 같은 게 컸죠. 이들에게 한국 문화는 굉장히 촌스럽고 폭력적인 것일 수밖에 없었을 겁니다. 1980년대생은 인터넷을 통해 세계가 넓어지는 경험을 했어요. 이들의 성장기에 스타크래프트와 스타 리그가 출현했잖아요. 스타크래프는 블리자드가 만들었지만 스타 리그는 한국이 만들었거든요. 따라서 1980년대생은 외국의 무언가를 힐끔거리지 않고 우리가 종주국으로 즐길 수 있는 게 나왔다고 느낀 세대예요. 이런 경험을 일찌감치 한 세대와 억눌렸다고 생각한 세대는 다를 수밖에 없죠."

1980년대생은 문화적 열등감이 없는 첫 번째 세대다. 우리는 우리를 약소국의 시민으로 규정짓지 않는다. 애국과 사대주의 틀로 문화의 위계를 설정하는 행태도 거부한다. BTS가 '우리 시대의 비틀스'로 불리고, 봉준호·박찬욱이 거장의 반열에 오른 시대에 사는 1990년대 이후 출생한 세대에게 그 자부심의 크기는 훨씬 클지도 모르겠다. 그래서 30대 이하 청년들에게 한국은 문화의 영역에서 자긍심을 가질 만한 성취를 거둔 국가다. 그 앞에서 '드디어 우리나라도' 같은 K 타령만 하다가는 꼰대라는 소리를 피하기 어려울 것이다.

우리의 월드,
월드컵과 싸이월드

"박지성은 FIFA와의 인터뷰에서 '콘세이상이 슈팅을 막으려고 달려들어 페인팅 후 왼발로 슈팅을 시도했다. 월드컵에서 골을 넣으면 어떤 기분일까 상상만 했는데 현실로 이뤄졌다. 생각보다 훨씬 더 짜릿했다'고 16년 전을 돌아봤다."[10]

– 김도용, 「FIFA "박지성 2002 월드컵 포르투갈전 득점, 베스트8 원더풀 골"」

내 인생의 화양연화

2002년 6월 14일, 고등학교 2학년의 초여름. 박지성이 2002년 월드컵 조별 예선 3차전 포르투갈전에서 골을 넣자 나는 미친 듯이 소리를 질렀다. 홍명보(1969년생), 황선홍(1968년생), 유상철(1971년생), 최진철(1971년생), 이운재(1973년생)는 삼촌 같았다. 박지성(1981년생), 이천수(1981년생), 차두리(1980년생)는 동네 형처럼 보였다. '명보 형'은 어색해도 '지성이 형'은 입에 찰싹 달라붙었다.

그런 형이 당대 최고의 미드필더 루이스 피구가 포진한 포르투갈을 무너뜨렸다. 나에게 그날의 경기는 네댓 살 많은 누군가가 글로벌 스포츠 무대의 중심부에 진입한 기억으로 남아 있다. 세계 속의 한국에 앞서 세계 속의 세대를 보았다. 내 눈에 담긴 세계화다.

나흘 뒤에 16강전이 열렸다. 이탈리아의 파올로 말디니, 프란체스코 토티, 크리스티안 비에리는 거인처럼 비쳤다. 저마다 최고라고 자부해도 이상하지 않을 그런 선수들 말이다. 연장전에서 이영표의 크로스를 받은 안정환이 폴짝 뛰어올라 헤딩골을 넣자 나는 주체할 수 없는 흥분에 거실을 방방 뛰어다녔다. 지금껏 한국 축구에선 경험한 적 없는 일이어서 달리 표현할 방법을 몰랐다. 위층에 사는 이웃도 다른 수가 없었던지 골이 터지자 요란하게 발을 구르며 소리를 질렀다. 나도 장단을 맞추듯 발을 굴렀다. 내 인생극장에서 층간 소음으로 소통하던 유일한 장면이다. 제주 구도심의 조용한 주택가가 번화가처럼 떠들썩했다.

지금 기준으로는 구식이다 못해 조악한 폴더폰으로 친구들에게 기쁨의 문자를 했다. '동네 형 같은' 박지성에 대해 논하다가 이탈리아 페루자 소속이던 안정환의 운명을 놓고 토론했다. PC통신과는 또 다른 세계가 눈앞에 펼쳐졌다. 학교를 나서면 이내 흩어졌던 우리는 초보적 형태의 사이버공간에서 월드컵을 매개로 서로에게 접속했다. 민족, 자주, 민중, 애국이 없이도 우리는 느슨하게나마 연결될 수 있었다.

캐나다 태생의 철학자 찰스 테일러Charles Taylor는 "공론장은 우리가 그 안에서 수행하는 공동 행위에 의해서만 구성되는 (그 외의 어떤 것으로부터도 영향 받지 않는) 연합체다. 그 공동 행위란……공통의 정신에 이르는 것"이라고 했다.[11] 그에 따르자면 단지 공적인 의견을 교환한다고 해서 모두가 공론장이 되는 건 아니다. 위계나 권위 혹은 권력에 휘둘리지 않아야 한다. 전근대 사회에 소통은 있어도 공론장은 없던 이유다. 테일러는 그러면서 "행위 주체성"이라는 표현을 썼다. 나와 친구들 사이의 '월드컵론'에는 어른들의 목소리가 끼어들 틈이 없었다. 우리는 주체적으로 공적인 문제(라기보다는 축제)에 관해 대화했다. 그때는 그런 단어를 몰랐지만, 어느덧 공론장으로 조금씩 빨려 들어가고 있었다.

민주주의는 광장에서 태동했다

6월 22일 8강전. 레알 마드리드와 FC바르셀로나의 나라 스페인과의 대결이었다. 이번에는 반드시 집 밖에서 응원하겠노라 결심했다. 손쉽게 구할 수 있던 붉은 티셔츠를 입고 반 친구 몇몇과 거리 응원에 참여하기로 했다. 버스를 함께 타고 제주시 탑동광장을 향하는 길. 버스 차창 너머로 이미 축제 분위기가 흘러넘쳤다. 광장에 가서는 처음 보는 대규모 인파에 적잖게 놀랐다. '절정에 이르렀다'는 말이 어떤 뉘앙스인지 그제야 체감했다. 2002년 월드컵 이후 제주 경찰 당국이 집계한 기록에 따르면, 스페인전 거리 응원에 나선 도민은 5만 명이었다. 이를 포함해 그해 월드컵에서 도민 25만여 명이 거리 응원에 참여했다. 당시 전체 도민(약 50만여 명)의 절반에 달했다.[12] 나도 그중 한 명이었다.

'명보 삼촌'이 4강 진출을 결정짓는 승부차기에 성공하자 난리가 났다. 모르는 사람과 박수치고, 모르는 사람이 울리는 자동차 경적에 맞춰 소리쳤으며, 모르는 사람과 어깨동무

했다. 책과 신문에서만 보던 '집단적 열광'이라는 단어의 의미를 어렴풋하게나마 깨달았다. 1986년에 태어났으나 서울아시안게임(1986년)과 서울올림픽(1988년)의 기억이 없던 나에게 2002년 월드컵의 충격은 길고 강렬했다.

비판이 없던 건 아니다. 대략 이런 문제제기가 쏟아졌다. '월드컵에 숨은 코드는 민족주의이기 때문에 자칫 폐쇄적 국수주의로 흐를 우려가 있다', '상업주의와 민족주의가 결합한 결과물이 월드컵이다', '결국 FIFA의 상술이다'라고. 모두 예리한 지적이다. 다만 그리 손쉽게 요약해버릴 성질의 일도 아니었다. 의도와 다른 미덕이 생기기도 하는 법이다. 그 거리의 열광은 동질적이지 않았다. 각자 그 나름의 월드컵이 있었다.

누군가는 '위대한 대한민국'에 취했다. 또 누군가는 식민지였던 나라가 과거의 제국주의 강대국을 차례대로 격침시킨 역전의 서사로 받아들였다. 누군가는 분단 문제를 끌어들였다. 16강전 당시 붉은악마는 경기장에서 'AGAIN 1966'이라는 카드섹션을 펼쳤다. 1966년 월드컵 때 북한이 이탈리아를 1대 0으로 꺾은 일화를 연상시킨 것이다. 이렇듯 산업화 세대와 민주화 세대의 월드컵 독해법이 각기 달랐다. 그때는 이 말이 없었으나 '축구 덕후'들은 월드컵에 그 어떤 성격을 부여하는 행위 자체를 경멸했다. 나에게는 공동체 감각 혹은 거리의 감각을 처음으로 경험한 일에 가까웠다.

그런데 포르투갈전이 열리기 하루 전날, 그러니까 6월 13일은 비극이 발생한 날이었다. 이날 오전 10시 45분 경기도 양주군 광적면 효촌리 56번 지방도 옆을 지나던 신효순(당시 중2)과 심미선(당시 중2)이 같은 방향으로 향하던 미 2사단 44공병대 소속 장갑차에 치여 그 자리에서 사망했다. 1988년생인 두 학생은 친구 생일파티에 가던 길이었다.

내가 신효순·심미선 사건을 알게 된 건 월드컵이 끝난 이후였다. 평소 매일매일 신문을 챙겨 읽는다고 자부했는데도 사건에 무지했다. '단신 기사로만 보도되었다'며 간편히 언론 탓을 할 수도 있다. 정치권의 책임 방기를 지적할 수도 있겠다. 진실은 달랐다는 걸 지금에 와서는 누구나 인정한다. 월드컵에 열광하던 한국 사회는 두 학생의 죽음에 무심했다. 나도 여지없이 그 사회의 일원이었다.

양면성도 있다. 월드컵 탓에 한동안 의제가 묻혔지만, 그것이 꼭 부정적 효과만 자아냈던 건 아니다. 흔히 민주주의는 광장에서 태동했다고 한다. 민주화 항쟁을 겪지 않은 세대에게는 월드컵이야말로 광장으로 나아간 첫 번째 사건이었다. 그리하여 월드컵 덕에 광장이 무섭지 않은 세대의 범주가 넓어졌던 것이다.

2002년 12월 무렵부터 신효순·심미선을 추모하기 위한 촛불시위가 전국적으로 열렸다. 한미주둔군지위협정SOFA을 개정해야 한다는 목소리도 힘을 얻기 시작했다. 비극의 현장과 수백 킬로미터 거리에 있던 제주에서도 수백 명씩 참석한 촛불시위가 여러 차례 열렸다. 응원을 하던 거리가 항의를 하는 거리로 변모했다.

그 거리의 분노 역시 동질적이지 않았다. 혹자는 반미反美를 외쳤다. 그러면서 민족적 자부심에 생채기가 났다고 화를 냈다. 여전히 한국의 위치는 변방의 약소국에 불과하다는 자조自嘲도 뒤따랐다. 어떤 이는 자식 잃은 부모의 마음으로 촛불을 들었다. 나의 렌즈는 반미나 민족, 국력이 아니라 공동체였다. 공동체가 시민을 지키지 못한 사건이라는 게 내 눈에 비친 본질이었다. 결과론적 해석의 위험을 무릅쓰고 말하자면, 그것이 2002년 월드컵 세대의 각성이었다고 생각한다. 우리는 윗세대와는 다른 방식으로 거리와 광장을 체험하면서 공동체를 향한 관심을 키워가는 중이었다.

우리는 그래도 다 싸이 하잖아?

2005년, 나는 서울에 있는 대학에 진학했다. 내가 입학하자마자 해야 했던 일은 공동체를 고르는 것이었다. 각종 동아리와 학회의 신입 회원을 모집하는 공고물이 캠퍼스 여기저기에 나부꼈다. 독재 타도나 남북통일 같은 소명 의식이 사라진 자리에는 인문학에서부터 어학, 운동, 음악에 이르기까지 다양한 선택지가 놓였다. 내가 택한 공동체는 록밴드와 한국근현대사학회였다. 밴드 연습실과 학회 세미나를 오가는 일과가 이어졌다. 하루는 공연을 하고, 또 하루는 답사를 명목으로 회원들과 함께 광주 망월동 묘역을 찾았다. 하나는 취향의 공동체였고, 하나는 배움의 공동체였다.

단절선이 가시화했다. 1980~1990년대 이념 서클의 골방에서 이루어진 의식화는 반反독재 투쟁으로 나아가기 위한 전

초 단계였다. 가르치는 사람과 배우는 사람의 위계가 또렷했다. 2000년대 캠퍼스의 질감과 색채는 달랐다. 선후배 사이의 서열은 존재해도 주입식 훈육이 자리할 틈은 없었다. 학회를 매개로 의식화를 꾀하는 선배는, 아예 없지는 않았으나 극히 드물었다. 개인의 권리와 책임을 중시하는 개인주의가 주목받던 때였다. 이를테면 1980년대생은, 개인주의로 무장했으되 공동체에 대한 끈을 놓지 않는 복합적 얼굴을 가진 세대였다.

마침 이 세대의 특성에 딱 들어맞는 SNS가 인기를 끌었다. 1999년에 등장한 싸이월드는 미니홈피와 클럽을 앞세워 한때 3,000만 회원을 자랑했다. 이용 방식은 간단했다. 미니홈피에 BGMbackground music을 깔아놓은 뒤 사진이나 글을 게시하면 '1촌'으로 명명된 친구들이 댓글을 달았다. 벽돌로 쌓은 집은 아닐지라도, 홈home페이지를 통해 1촌과 연결되었다.

싸이월드는 지금의 페이스북이나 인스타그램과는 성격이 달랐다. 1촌들은 오프라인에서 만난 적 없는 완전한 타인이 아니었다. 학과 동기, 동아리 동료, 학회 선후배가 서로의 '온라인 집'을 오가며 소통했다. 온라인과 오프라인이 따로 놀지 않았다. 장민지 경남대학교 미디어영상학과 교수는 이것이

1980년대생과 1990년대생을 가르는 분기점이라고 보았다.

"1980년대생은 온라인상의 친밀감과 오프라인상의 친밀감을 동시에 추구해요. 1980년대생은 필요할 경우 오프라인 공간에서 물리적으로 연대하고 다시 흩어지잖아요. 일종의 게릴라인 셈이죠. 반면 1990년대생은 온라인상에서 가상적으로만 연대하죠. 1980년대생은 집단주의에 반대해도 공동체에 대한 연대 감수성을 갖고 있습니다. 1990년대생은 하나로 묶어서 설명할 수조차 없을 정도로 개별적인 분자分子의 느낌이 강하죠. '우리(1980년대생)는 그래도 다 싸이 하잖아?'라는 말을 할 수 있었는데, 1990년대생은 '난 유튜브', '난 넷플릭스', '난 인스타' 같은 식으로 할 게 너무 많은 겁니다. 하나의 공통 취향이 없죠. 그래서 1980년대생에게는 '추억의 1998'이 가능하지만, 1990년대생에게 '추억의 2008'은 불가능하죠. 모두가 다른 취향에 몰두하고 있었으니까요."

1990년대생이 디지털 네이티브라면, 1980년대생은 반半디지털 네이티브다. 온라인으로 연결하고 오프라인으로 전이한다. 1980년대생은 윗세대보다 개인을 강조하나, 아랫세대에 비하면 공동체에 관심이 많다.

언론학자 이준웅은 공중公衆을 구성하는 개인이 대중이나 군중을 구성하는 개인과 별도로 존재하지 않는다는 점에 주목한 바 있다. 그가 보기에 공중은 "특정한 조건에서 공적인 사안에 대한 관심이 증가하고, 공적인 문제를 해결하겠다는 의지를 보이며, 그 해결 과정에 참여함으로써 개인의 공적 자아를 확장하는 순간" 나타난다.[13] 일상을 사는 개인이 특정한 순간 공동체의 문제에 관여하겠다는 인식과 감각을 지닐 때 공중이 탄생한다는 이야기다.

그의 설명은 1980년대생의 입체적 면모를 이해할 실마리를 제공한다. 1980년대생은 개인주의에 발을 딛고선 채 '느슨한 연대'를 꾀한 최초의 세대다. 이 특이한 정체성을 빚어낸 시발점은 2002년 월드컵이다. 2000년대의 대학 문화와 마침 동시대를 풍미한 싸이월드는 세대적 정체성을 한층 강화하는 역할을 했다. 어떤 과거는 현재를 완성하는 재료가 된다. 십수 년 전 역사가 되어버린 '우리의 월드'는 그렇게 지금도 살아 있다. 한때의 '추억팔이'로만 치부해버릴 일이 아닌 이유다.

누구에게나 저마다의
슬램덩크가 있다

"**안 감독** 포기하면 그 순간이 바로 시합 종료
예요."
"**정대만** 그래, 난 정대만. 포기를 모르는 남자
지…."[14]

– 이노우에 다케히코, 『슬램덩크』

인생은 B와 D 사이의 C

나에게는 '살던 집'이 너무 많았다. 초·중·고등학교 시절, 이사를 참 많이 다녔다. 기억에 남는 이사만 15번 남짓이다. 뇌리에 남지 않은 이사도 있을 것이다. 한 집에 3년 이상 산 기억이 거의 없다. 정 붙일 새도 없이 떠난 동네가 여럿이다. 추억을 아로새기기도 전에 서둘러 이삿짐을 쌌다.

제주시에 살다가 지금은 사라진 행정구역인 북제주군으로 옮겼을 때다. 그곳은 근처에 유명한 해수욕장이 있는 동네였다. 풍광이 아름다워 관광객이 몰리는 곳이었다. 우습게도 나는 스스로 주변인이 되었다고 생각했다. 실은 등하교 때 좌석 버스를 30분만 더 타면 될 일이었다. 그때는 30분이 바깥으로 튕겨나는 시간처럼 느껴졌다. 30분이 300분만큼 느릿느릿 흘러갔다.

흘러가는 시간은 열패감 따위의 정서를 동반했다. 내가 실패한 것도 아닌데, 내 의지와 상관없이 떠밀려가는 기분이었다. 집에서 괜히 볼멘소리를 했다. 자식의 볼멘소리가 얼마나 뾰족한 화살 같았을까? 나도 부모가 되고 나서 그런 생각을 종종 했다.

찢어지게 가난하지는 않았다. 타의에 의해 끼니를 거른 적은 없었다. 잘살 땐 일주일에 3번 이상 가족 외식을 했다. 그즈음엔 생갈비를 사달라고 자주 부모님을 졸랐다. 지금은 텔레비전을 통해서도 널리 알려진 제주산 돼지 생갈비를 좋아했다. 1990년대 중반 즈음, 그러니까 김영삼 정부 때였다. 어머니는 "네가 김영삼 대통령보다 갈비를 자주 먹겠다"며 우스갯소리를 했다. 그 말을 들을 때면 대통령이 부럽지 않았다.

늘 그렇게 살 수는 없었다. 중소 규모로 건설업을 하던 부모님의 삶에는 불확실성이라는 가시가 내재되어 있었다. 어제의 호황이 내일의 불황으로 바뀌는 일이 비일비재했다. 이사 갈 집이 지금 사는 집보다 좋으면 사업이 잘된다는 이야기였다. 그게 아니라면 반대라는 뜻이었다. 2보 전진을 위한 1보 후퇴가 아니라, 2보 전진했다가 3보 후퇴했다. 2보 전진보다 3보 후퇴의 여파가 훨씬 컸다. 3보 후퇴 뒤에는 집에 동생과 둘만 있는 시간이 많았다. 줄어든 수입을 벌충하기 위해 부모님이 가히 24시간 체제로 일했기 때문이다.

한번은 집에 놀러온다던 친구가 약속시간이 다 되어 전화를 했다. 서로 어디냐 묻는데 각자 딴 곳에 있었다. 그제야 이사했다고 말하지 않았다는 사실을 깨달았다. 이사한 집을 알려주는 대신 내가 전에 살던 집 근처로 갔다. 집 안에 들이기에는 새 보금자리가 초라해 보였다. 혹, 우리 집이 망했다는 소문이 날까봐 지레 겁이 났다. 실은 나의 내면이 초라했다.

새 동네는 늘 낯설었다. 이사한 직후에는 심심하다는 말을 입에 달고 살았다. PC가 있긴 했지만 온라인 게임은 재미가 없었다. 어떻게든 적응해야 했다. 이삿짐을 풀어놓은 뒤엔 습관처럼 농구공을 들고 집을 나섰다. 부동산 임장을 다니듯 농구장을 물색했다. 요새 쓰는 말을 그 시절로 소급 적용하면, 나에게는 '농세권(농구장+역세권)'이 중요했다.

내 나름으로 동네를 평가하는 척도는 이랬다. 중앙선을 비롯한 코트 라인과 마주 보는 두 농구 골대를 갖춘 '올all 코트'가 있는 동네는 A급으로 쳤다. 농구 골대는 하나이되 라인이 그려진 '반半 코트'가 있는 경우라면 B급이었다. 라인 없이 농구 골대만 덩그러니 자리한 동네는 C급으로 분류했다. 농구 골대조차 없는 동네라면 D급이 되었다. A급 동네는 딱 한 번 살아보았다. 주로 B와 D 사이를 오갔다. 인생은 BBirth와 DDeath 사이의 CChoice라고 장 폴 사르트르Jean Paul Sartre는 말했다는데, 내가 선택권을 가져본 적은 단 한 번도 없었다.

슬램덩크 세대

바야흐로 농구의 시대였다. NBA가 글로벌 대중문화로 도약하던 때였다. 마이클 조던은 글로벌 아이콘이었고, 그의 이름만 달면 어떤 상품이건 마케팅 효과가 극대화되었다. 스코티 피펜과 데니스 로드먼의 인기도 대단했다. 마침 국내에서도 케이블TV가 대중화했다. 스포츠채널을 통해 해외 스포츠를 즐길 물적 조건이 구비되었다. 한국의 청소년들도 자연스레 조던을 접했고 그를 추앙했다. 누구나 에어 조던을 신고 다니기를 꿈꾸었다. 농구화를 사기 위해 용돈을 모았다. 1994년에는 MBC에서 〈마지막 승부〉가 방영되었다. 소풍가는 버스에서 동명의 주제가를 '떼창'하고 놀았다. 한영대 윤철준(장동건)과 명성대 이동민(손지창) 중 누가 낫냐고 한바탕 논쟁이 벌어졌다. 하루하루가 농구로 시작해 농구로 끝났다.

농구대잔치의 절정기였다. 당대 최고의 슈퍼스타는 기아자동차 허재였으나, 그조차 대학생들의 인기를 따라가지는 못했다. 연고전 혹은 고연전이라 불린 연세대와 고려대의 대결은 한일전에 비견되었다. 이상민·우지원·문경은·서장훈의 연세대와 전희철·신기성·김병철·현주엽의 고려대가 맞붙는 날엔 일촉즉발의 분위기가 흘렀다.

나는 이상민의 광팬이었다. 스포츠 신문에 나온 이상민의 사진만 오려다가 스크랩북을 만들었다. 1995년 2월 1일, 94~95시즌 농구대잔치 정규리그 마지막 경기는 지금도 또렷하게 기억난다. 서장훈의 버저비터로 연세대가 역전승을 거둔 그 장면이 30년 가까이 지난 오늘도 엊그제 경기처럼 떠오른다. 서장훈 자신도 2013년에 은퇴하면서 이때를 자신의 농구 인생에서 가장 기억에 남는 순간으로 꼽았을 정도다.

그중에서도 단연 중심은 『슬램덩크』였다. 1990년 연재를 시작한 일본 만화 『슬램덩크』는 1992년 『소년 챔프』를 통해 국내에 소개되었다. 서너 살 많은 형들은 만화책을 본 뒤 애니메이션으로 감동을 재확인하기도 했다. 나는 애니메이션을 먼저 접한 뒤 만화책을 섭렵한 쪽에 속했다. 훗날에야 1980년대생 중에서도 만화책으로 『슬램덩크』를 먼저 본 세대와 애니메이션 〈슬램덩크〉를 먼저 본 세대가 나뉜다는 걸 알았다.

SBS를 통해 애니메이션으로 방영된 시기는 1998~1999년이었다. 박상민이 부른 애니메이션 주제곡 〈너에게로 가는 길〉로 '떼창'의 대상이 달라진 것도 이즈음이다. "뜨거운 코트를 가르며 너에게 가고 있어, 우리 함께한 맹세 위에 모든 걸 걸 수 있어"라는 소절에 중독된 녀석이 한둘이 아니었다. 나는 박상민의 허스키한 보이스를 흉내내려 틈만 나면 성대 긁는 소리를 내다가 종종 목이 쉬었다. 의사는 변성기를 겪는 중학생이 해선 안 될 행동이라고 만류했지만 개의치 않고 긁어댔다.

점심시간마다 '농구 할 사람'과 '축구 할 사람'을 나누면 늘 농구 쪽이 많았던 유일한 시절이기도 했다. 35명 안팎의 반 구성원 중 25명 이상이 넓은 축구장 대신 구석진 농구장으로 내달렸다. 농구 잘하는 녀석이 '핵인싸'였다. 친구들이 놀고 싶은 상대가 되려면 우선 농구를 잘해야 했다. 의지가 충만했던 나는 선생님이 방학 동안 할 일을 제출하라고 했을 때 '슛 2만 번'이라고 적어냈다. 『슬램덩크』에서 강백호가 슛 2만 번을 목표로 연습한 일화를 고려한 것이다.

"왼손은 거들 뿐"이 아니고 학교는 거들 뿐, 진짜 무대는 교문 바깥이었다. 주말마다 동네 농구장에 농구공 튀기는 소리가 가득했다. '올 코트'가 있는 A급 동네는 NBA 코트로 변모했다. 나는 B~D 코트에서 홀로 연마한 실력으로 친구들과 원정을 다녔다. 각자가 『슬램덩크』 주인공들로 빙의했다. 3점슛에 성공하면 정대만, 리바운드를 따내면 강백호, 드리블로 수비수를 돌파하면 서태웅, 어시스트에 성공하면 송태섭이 되었다. 가끔 블로킹에 성공한 거구가 보이면 채치수가 나타났다고 환호했다.

물론 인기에도 우열이 있었다. 서태웅, 정대만, 강백호로 불러달라는 이는 차고 넘쳤던 대신 채치수나 송태섭을 자처한 이는 드물었다. 채치수 같은 덩치로 서태웅의 민첩한 플레이를 따라 하다가 발목이 접질린 친구는 이튿날 깁스를 하고 나타나서 입으로 농구를 하기도 했다. 송태섭은 키가 작고 돋보이는 플레이를 하지 않는 탓인지 늘 우리의 우선순위에서 밀려났다.

포기하지 않는 마음

2023년 1월 말의 어느 날 늦은 밤. 홀로 집을 나와 극장에 가서 〈더 퍼스트 슬램덩크〉를 보았다. 옆 사람과 한 칸씩 떼어 앉은, 그러니까 '나홀로 관객'이 많았다. 언뜻 스치는 얼굴이 대부분 또래로 보였다. 노스탤지어가 이런 건가 싶었다. 네이버 관람객 평점에서 공감 순위 1위에 오른 댓글은 이랬다. "너희들은 안 늙었구나." N차 관람이 열풍이라는 데 상당수가 1980년대생이란다. 아내의 지인인 1986년생 여성은 12번을 보았고 또 보겠다고 했다.

〈더 퍼스트 슬램덩크〉의 감독은 원작자인 이노우에 다케히코井上雄彦다. 사실 새로울 게 없는 내용을 다룬다. 그 시절 〈슬램덩크〉를 보았다면 누구나 아는 이야기, 그러니까 북산고와 산왕공고의 경기를 재조명한다. 원작에서 북산고는 32강전에서 우승 후보 산왕공고를 꺾은 뒤 이후 경기에 쓸 에너지가 고갈되어 허무하게 탈락했다. 결말을 보고 황당해했던 기억이 생생하다. 그 탓인지 온라인에서는 몇 년 전부터 '북산 엔딩'이라는 용어가 밈meme처럼 쓰였다. 막강한 상대를 힘겹게 이겨 올라갔는데 정작 그에 미치지 못하는 팀에 곧장 패하는 상황을 빗대는 용어다.

물론 차이점도 있다. 강백호와 서태웅의 비중이 상대적으로 줄었다. 그 대신 원작에서 비중이 낮았던 송태섭의 스토리가 뼈대를 이룬다. 동네 농구장에서도 주목받지 못했던 바로 그 송태섭 말이다. 그는 여러모로 낀 존재였다. 5명의 멤버 중 유일한 2학년이다. 카리스마 넘치는 선배(채치수·정대만)와 시건방진 후배(강백호·서태웅) 사이에 있다. 그런데 송태섭의 포지션은 포인트가드다. 넓은 시야로 패스를 뿌리며 게임을 풀어가는 윤활유 역할을 한다. 돌이켜보면 시작은 늘 송태섭이다. 자기 자신이 골을 넣기보다 골을 만드는 데 일조한다. 50대 중반이 된 감독은 결과물을 내는 사람보다 과정을 만드는 사람에 주목한다.

그런 송태섭의 시작은 형이다. 형이 농구로 두각을 나타내자 그도 농구에 관심을 갖게 되었다. 형이 불의의 사고를 당한 뒤에는 형과의 비교에 시달린다. 주변에서는 그의 농구 실력을 놓고 형보다 못하다고 수군댄다. 이 서사를 덧붙인 감독의 의도는 분명하다. 겉보기에 멀쩡한 사람도 속에는 상처나 열등감 하나씩은 품고 산다. 남들은 몰라도 당사자는 우주가 달라지는 듯한 충격에서 좀처럼 헤어 나오지 못한다. 그런 상처와 열등감을 극복하는 과정이 성장이다. 이노우에 다케히코 감독은 이렇게 설명한다.

"코트 위 강자들의 태연한 얼굴 뒤에도 각각의 삶이 있고 그곳까지 가는 길이 있다. 그건 객석에 앉아 있는 분들도 똑같아서 각자 자신이 주인공인 인생을 살고 있다는 사실을 떠올릴 때 조금은 힘이 나지 않을까 한다."[15]

과정을 지날 땐 그것이 과정임을 모른다. 〈더 퍼스트 슬램덩크〉를 다시 보는 지금에서야 그때 그 시절이 모두 과정인

걸 알았다. 과정을 겪는 시간엔 누구나 불완전하다. 모든 걸 잘할 수는 없고 그럴 필요도 없다. 농구는 불완전한 5명이 서로를 보완해줄 수 있는 경기다. 각자의 포지션에서는 각자가 주인공이다. 포기하지 않으면 시합은 계속되는 법이다.

제3장

사다리를
잃은
세대

88만원 세대의 추억

"어딘가 가까스로 도착한 느낌, 중심은 아니지만 그렇다고 원 바깥으로 튕겨진 것도 아니라는 거대한 안도가 밀려왔었다. 우리 분수에 이 정도면 멀리 온 거라고, 욕심 부리지 말고 감사하며 살자고 다짐한 게 엊그제 같은데……결국 그렇게 도착한 곳이 '여기였나?' 하는 의문이 들었다. 절벽처럼 가파른 이 벽 아래였나 하는. 우리가 이십 년간 셋방을 부유하다 힘들게 뿌리내린 곳이, 비로소 정착했다고 안심한 곳이 허공이었구나 싶었다."[1]

– 김애란, 「입동」

한국 자본주의의 우울한 민낯

2007년, 1968년생 2명이 1980년대생에 관해 이야기했다. 그해 8월에 나온 김영하의 소설 『퀴즈쇼』에는 다음과 같은 유명한 문장이 등장한다. 거기에는 하릴없이 백수가 된 코즈모폴리턴의 자조가 담겨 있다.

"우리는 단군 이래 가장 많이 공부하고, 제일 똑똑하고 외국어에도 능통하고 첨단 전자제품도 레고블록 만지듯 다루는 세대야. 거의 모두 대학을 나왔고 토익 점수는 세계 최고 수준이고 자막 없이도 할리우드 액션영화 정도는 볼 수 있고 타이핑도 분당 300타는 우습고 평균 신장도 크지.……그런데 왜 지금 우리는 다 놀고 있는 거야? 왜 모두 실업자인 거야? 도대체 우리가 뭘 잘못한 거지?"[2]

그로부터 2개월여 전, 김영하와 대학 동기인 경제학자 우석훈은 사회비평가 박권일과 함께 『88만원 세대』를 출간했다. 어떤 책은 존재만으로 사회적 의미가 있다. 이 책이 그랬다. 그전에도 세대를 규정짓는 개념은 적지 않았다. 베이비부머 세대, 86세대, X세대 등. 혹은 유신 세대라거나 민청학련 세대라거나. 하지만 평균 월급을 외피 삼아 세대 개념을 잉태한 책은 처음이었다.

우석훈과 박권일은 20대(1980년대생)의 상위 5퍼센트만이 한국전력, 삼성전자, 5급 사무관 이상의 단단한 직장을 가질 수 있고, 나머지는 평균임금 88만 원 정도를 받는 비정규직의 삶을 살게 될 것이라고 썼다. 2007년 비정규직 평균임금인 119만 원에 성인들에 대한 20대의 평균임금 비율 74퍼센트를 곱해 나온 숫자가 88만 원이었다. 말하자면 『88만원 세대』는 경제성장이 막혀버린 한국 자본주의의 우울한 민낯을 까발렸다.

지금은 제조업체 홍보팀에서 대리로 일하는 김미나는

1988년생이다. 그는 『88만원 세대』가 출간되던 해에 대학에 입학했다. "경영학과를 갔는데 입학 첫해부터 교수님들께 정말 많이 들은 이야기가 '좁은 취업시장'과 '막막한 앞길'에 관한 것들이었어요. 실제로 200명 넘는 과 동기 중 대략 5퍼센트만이 대기업과 공기업에 들어갔고 10퍼센트 정도는 중견기업에, 50퍼센트는 중소기업에 입사했어요."

김미나도 실제로 2007년 88만 원을 받으며 학원에서 비정규직으로 일했다. 진로를 고민하다 또래보다 훨씬 늦은 서른 무렵, 그러니까 2017년에 새로 취업시장에 뛰어들었다. 당시 한 기업에서 인턴을 하며 받은 급여가 135만 원이었다. "10년 세월이 흘렀지만 급여는 고작 47만 원 늘어 있던 셈이죠." 이 당시 김미나가 인턴을 할 때 선임이 바로 나였다.

'88만원 세대'는 정치적 경험, 문화적 동류의식을 기준으로 출현한 세대가 아니다. 한국에서 『88만원 세대』가 출간되기 전 이미 이탈리아에서는 소설 『1000유로 세대Generazione 1000 Euro』(2006년)가 등장했다. 1,000유로 세대는 불안정한 직업을 전전하며 월 1,000유로 이하 소득에 의지해 살아가는 이탈리아 젊은이들을 일컫는 말이었다. 1,000유로는 당시 이탈리아

1인당 평균 소득의 절반 수준이었다. '1,000유로 세대'와 '88만 원 세대'를 공통으로 읽는 열쇳말은 노동시장이다.

저성장은 88만원 세대의 출발선을 억지로 앞당겨놓았다. 김정훈 CBS 기자, 심나리 전 CBS 기자, 국회 보좌진 김항기가 쓴 『386 세대유감』에는 흥미로운 통계가 여럿 소개된다. 이들이 한국은행 통계 시스템을 활용해 추산한 바에 따르면, 1980년대생의 20대 후반 평균 소득은 2,151만 원으로 같은 기간 1인당 GDP(국내총생산) 대비 77.9퍼센트에 불과했다. 자산 증식의 꿈은 속절없이 바스러졌다. 이 책에 따르면 '내 집 마련 기간'은 "1960년대생 10.1년, 1980년대생 16.0년"으로 확연히 갈렸다. 1980년대생이 마주한 노동시장은 앞선 세대가 사회생활 초기 마주한 그것과 사뭇 달랐다.[3]

비정규직의 그늘을 경험하다

세대는 시대가 틀 짓는 구조적 제약에 따라 움직인다. 먹고 사는 문제라면 그 제약의 강도가 더 세다. 1980년대생이 사회에 진출하기 시작할 시점인 2000년대 중반부터 비정규직 규모가 급증했다. 통계청의 비정규직 고용 동향을 보면, 국내 비정규직 규모는 2003년 462만 명에서 2004년 540만 명으로 급증했다. 이어 2005년과 2006년에도 각각 546만 명, 2007년에는 573만 명 등 꾸준히 상승했다.

그러자 노무현 정부와 여당(열린우리당)은 '비정규직 문제가 심각하다'면서 대안으로 2007년 7월 1일 일명 '비정규직보호법'을 시행했다. 이 법은 기간제(계약직) 노동자의 고용 기간을 2년으로 제한하고, 그 기간이 지나면 사용자는 노동자를 정규직으로 전환하도록 했다. 하지만 당시에도 2년마다 해고가 잇따라 결국 비정규직 규모가 줄지 않으리라는 지적이 많았다. 현장과 동떨어진 정책이라는 비판이 잇달았다.

우려는 현실이 되었다. 비정규직보호법 시행 2년 뒤 비정규직 규모가 578만 명으로 늘더니 2011년에는 605만 명으로 앞자리 숫자가 바뀌었다. 2012년 595만 명으로 잠깐 주춤하더니 1990년대생이 본격적으로 취업시장에 뛰어든 2015년 즈음에는 630만 명으로 폭증했다. '일자리는 당연히 정규직'이라는 앞선 세대의 상식이 안개처럼 사라졌다. 그 시절 우리 세대가 좋아한 노무현이 '비정규직 시대'에 불을 질렀으니 이 얼마나 얄궂은 운명인가?

그늘은 자리를 따지지 않는다. 세상에 드리운 그늘이 개인의 삶을 피해갈 일은 없다. 1980년대생은 노동시장의 출발선부터 보편적 고용 형태의 하나로 비정규직을 경험한 첫 번째 세대였다. 1990년대생도 그늘을 물려받았다. 현재 한국은 비정규직에 관한 한 전 세계에서 수위를 다투는 국가다. OECD가 국가간 비교를 위해 별도 기준으로 집계하는 '비정규직 노동자temporary workers' 비중에서 한국은 2020년 기준 26.1퍼센트로 전체 회원국 가운데 2위였다. 이 역시 진보를 표방한 문재인 정부에서 일어난 일이다.[4]

정규직이라는 게 대단한 건가?

비정규직은 한 세대의 내면에 스며들었다. 그 거센 파고는 학벌을 가리지 않았다. 서울대학교를 졸업한 박세희(가명)는 1986년생으로 계약직으로 근무하다가 정규직으로 전환된 경험이 있다. 2019년 취재차 연락을 취한 그에게서 이런 토로를 들었다.

"정규직 전환 후 그 사실을 부모님께 말씀드렸더니 '정말 다행이다. 안 그래도 걱정하고 있었는데'라고 격려해주셨어요. 부모님이 근로조건에 대해 걱정하고 계셨다는 걸 이때 처음 알았어요. 대학원 지도교수님은 그해 송년회 축배사를 '박세희 정규직 전환 축하'로 해주셨고요. 전 사실 이게 그렇게 축하받을 일인가 했거든요? 연봉이 크게 오른 것도 아니고, 잘나가는 대기업에 입사한 것도 아니고, 그냥 18개월을 계약직으로 다니다 정규직으로 전환된 것뿐이었는데 말이죠. 이때 비로소 '정규직이라는 게 그렇게 대단한 건가?'라는 생각을 하게 되었어요. 회사 업종이 뭐든, 월급이 얼마든, 어떤 업무를 맡든 일단 '정규직이면 축하한다'는 거잖아요."

1985년생 김아영이 캠퍼스의 세계에서 직장인의 세계로 옮겼을 때 겪은 경험은 '웃프다'. 희극 같기도 하고 비극 같기도 한 말이 이어진다.

"대학 졸업 후 인턴 생활을 거쳐 대학원에 입학했고, 졸업할 때쯤 비정규직으로 취업했는데, 별 문제의식이 없었어. 관리자를 제외한 모든 직원이 비정규직이었기 때문이지. 비정규직으로 2년 일하고 정규직으로 전환되었지만 고용 기간을 제외하고 임금이나 승진 등 모든 처우에서 전환 이전과 이후가 전혀 다를 바가 없었고.”

나는 1980년대생이 전 세대에서 복지에 관해 가장 긍정적인 태도를 보이는 이유는 비정규직의 경험에서 비롯했다고 생각한다. 노동시장이 그들의 삶 곳곳에 남긴 그늘이 양극화에 대한 문제의식으로 발전했다고 보기 때문이다. 자신이 혹은 친구가, 가족이, 이름 모를 온라인상의 누군가가 겪은 비정규직의 경험을 애달피 여긴 사람들의 마음이 투영된 것이다. 2010년대 초 정치권을 휩쓴 '보편적 복지' 열풍에서 가장 강력한 지지층은 당시의 20대, 그러니까 1980년대생이었다.

우석훈은 1980년대생이 이런 노동시장을 맞상대로 투쟁하길 원했다. 이 책의 카피가 '20대여, 토플책을 덮고 바리케이드를 치고 짱돌을 들어라'였으니 말 다한 셈 아닌가? 그런 그는 2012년 이 책의 절판을 선언한 적이 있다. 우석훈의 말대로라면 “이 책을 쓰면서 생각한 변화는 벌어지지 않았다”는 이유에서였다.[5]

그러나 어떻게 싸우란 말인가? 우석훈이 속한 86세대는 '전두환'이라는 거악巨惡 앞에서 끈끈한 유대를 과시했다. 전두환을 끌어내리면 세상이 더 나아지리라는 희망이 그들에게는 있었다. 1980년대생 앞에 가시적인 거악은 누구인가? 저성장 시대를 상대로 싸울 수야 없는 노릇 아닌가? 아니면 비정규직을 철폐하라고 머리띠라도 둘러야 하는가?

김미나는 투쟁하기보다 기꺼이 사회에 순응하는 편을 택했다. 불합리한 일에 노출될지라도 '괜찮아, 원래 그런 거야'라면서 자기 자신을 합리화했고, 무기력함을 학습했다. 젊다고 해서 딱히 특별한 대우나 위로를 받을 필요는 없다고 생각했다. 입사해서도 과거 세대와 같은 승진의 사다리를 꿈꾼 적은 없다. 단, 적어도 사회가 불안정한 노동시장에서 버틸 것을 요구하는 것이라면 최소한 도태되지 않을 만큼의 '인프라'는 구축해주어야 한다고 본다. "과장도 차장도 달 수 없다면 국가가 집을 살 수 있는 여건을 만들어주고 월급이 오르지 않는다면 물가를 안정시켜야 하는 것 아닌가요?"

입사의 이유

"선배 있잖아요, 저는 칭찬을 듣고 싶었던 게
아니라, 그냥 인간 취급을 받고 싶었어요. 실
력도 없는 주제에 이름이나 알리고 싶어 하
는 요즘 애들이 아니라, 방사능을 맞고 조증
에 걸린 애가 아니라, 최선을 다해 삶에 적응
하려고 노력하는 한 명의 인간으로요."[6]

– 박상영, 『믿음에 대하여』

군복 입은 취준생

나는 스물여덟 살에 군에 입대했다. 대한민국 육군은 '가방
끈이 길다'는 이유에서인지 나에게 작전병을 맡겼다. 작전을
짠 건 아니고, 작전 담당 장교들을 도왔다. 부모님은 자존심
센 아들이 탈영할까봐 걱정했지만 조직 생활 적응력은 남달랐
다. 스물아홉 살엔 최고령 분대장까지 맡아 나이 어린 소대장
을 모셨다.

작전병 업무와는 별개로, 고민 있는 병사들과 소통하는 상
담병을 했다. 내가 무슨 대단한 내적 깊이가 있어서라기보다

는, 실은 노병老兵이라서 맡았다. 중대장은 나를 상담병으로 임명하면서 "아무래도 재석이가 나이가 많으니까"라고 굳이 덧붙였다. 02학번인 중대장과 05학번인 나의 나이 차가 겨우 세 살이었으니, 그렇게 말할 만도 했다.

상담병을 하니 적게는 네댓 살에서 많게는 여덟 살 어린 청년들이 가진 날 것 그대로의 고민을 그대로 접했다. 대부분의 상담 소재는 진로였다. 너나없이 전역 후를 막막해했다. 군 간부들이 병사의 인권을 존중한다는 취지로 '군복 입은 시민'이라는 말을 자주 할 때였는데, 내 눈에는 '군복 입은 취준생'으로 보였다.

이른바 SKY(서울대·고려대·연세대)를 다니다 온 녀석은 "최소한 10위권 대기업 정규직은 되어야 해요"라고 말했다. 그 수준의 기업을 못 가면 공무원 시험을 보겠다고도 했다. 대기업이건 공무원이건 5년만 버티고 스타트업을 창업하겠다는 말도 덧붙였다. 직업전문학교를 다니다 온 다른 녀석은 "월 200만 원 이상 보장되는 정규직이면 어디라도 들어가서 딱 10년만 일하고 카페 차릴 거예요"라고 했다. 원하는 일을 하기 위해서는 이른바 '시드머니seed money'가 필요하고, 이를 위해서는 일단 정규직이 되어야 한다는 인식이 누구에게나 있었다.

그때만 해도 내 문제는 아니라고 생각했다. 전역 후 박사과정으로 미국에 유학을 갈 요량이었다. 일명 '사지방'으로 불린 부대 내 사이버지식정보방에서 안 되는 영어 작문 실력으로 백인 교수에게 '아시아 학생도 받나요?'라는 취지의 이메일을 보낸 적도 있다. 그때의 구상은 이러했다. '사회과학자가 되어 내 나름의 학문적 언어를 가져야겠다.' '이왕이면 미국식 사회과학 훈련을 받는 게 낫겠다.' 유학 자금은 없었다. 학비를 면제해주고 생활비까지 주는 연구조교research assistant를 노려보기로 했다. 입학 허가를 받는 게 여의치 않으면 학비가 저렴한 독일도 고려해야겠다는 차선책도 구상했다.

서른 살이 되던 해 3월, 석사과정 4학기로 복학했다. 아르바이트를 하는 대신 논문 작업과 유학 준비에 집중하기로 했다. 입대 전, 그러니까 석사과정 1~3학기 때는 입시학원에서 파트타임으로 고등학생들에게 논술과 사회를 가르쳤다. 학과에서 조교도 해서 얼마간의 장학금이 나왔다. 이제는 서른이었고 뜻한 바를 이루려면 온전히 집중할 시간이 필요했다. 식비와 책 사는 값을 아끼자고 마음먹었다.

유학을 접고 면접을 보다

그즈음 겪은 일이다. 점심을 '싼값'에 해결하려고 동네 재래 시장 어묵 핫바 가게에 들렀다. 시장 한 귀퉁이에 자리 잡고 있는 노점 비슷한 곳이었다. 어묵 핫바 종류가 7~8가지쯤 되었는데 가격표가 없었다. 1,000원에 민감할 때라 주인장에게 '이건 얼마예요?', '저건 얼마예요?' 하며 물었다. 그렇게 묻고 답한 지 10초쯤 되었을까? 주인장이 짜증이 잔뜩 섞인 투로 버럭 화를 내기 시작했다.

"에이, 그만 좀 물어보쇼."

생전 처음 겪는 일이라 아무 대답도, 항의도 하지 못했다. 내가 무엇을 잘못했지? 도리어 옆에 있던 다른 손님이 얼굴을 붉히며 주인장과 대판 실랑이를 했다. 대략 이런 대화(라기보다는 논쟁)가 오갔다.

"아니, 이게 대체 무슨 태도예요?"

"인건비 때문에 알바도 못 써서 바빠 죽겠는데, 저 손님이 자꾸 묻잖아요. 내가 지금 핫바도 계속 만들어야 하는데 일일이 어떻게 답해요?"

"아니, 알바 못 쓰는 게 이 손님 탓이에요? 이 손님이 업무 방해라도 했어요? 그럼 가격을 누구한테 물어봅니까? 그게 귀찮으면 가격표를 써넣으시던가요."

실랑이가 이어지자 상인들이 몰려들었다. 일이 커질 판이었다. 주인장도 당황했는지 결국 나에게 고개 숙여 사과했다. 나는 애쓰며 웃는 낯으로 "괜찮아요"라고 말했다. 그러고 나서 1개 사려던 핫바를 2개나 산 뒤 도망치듯 그 자리를 떠났다. 비애인지 민망함인지 모를 복합적인 감정이 밀려들었다. 나는 그날 처음으로 직장에 들어가고 싶다는 생각을 했다. 노동을 통해 차곡차곡 내 통장부터 채워야 할 것 같았다.

한 달 뒤 신촌에선 이런 일을 겪었다. 내가 대학 시절 총학생회장에 출마할 때 나를 도왔던 후배 몇 명을 만났다. 한 후배가 늦은 나이에 군대에 다녀온 나를 격려한다면서 만든 자리였다. 개중에는 직장에 들어간 후배도 있었는데, 밥값은 자기가 낸다고 했다. 고맙긴 했지만 후배가 사는 밥은 먹고 싶지 않다는 시시한 자존심이 발동했다. 그래 봐야 치킨 2마리에 맥주 몇 잔 얹어 8만 원쯤 나왔다. 호기롭게 계산하고 집으로 돌아가는데 갑자기 가슴이 쿵쾅했다. 그 돈을 쓰고 나니 앞으로 일주일간 학생식당에서 밥을 먹을 돈이 없던 것이다.

며칠 후 아버지에게 전화했다. 죄송하다는 말부터 꺼내고 10만 원만 송금해달라고 했다. 지금도 인터넷뱅킹을 쓸 줄 모르는 아버지는 택시운전을 하다 말고 은행 창구에 가서 서른 넘은 아들에게 10만 원을 보냈다. 입금된 돈을 확인하고 생각했다. '내가 지금 무엇을 하는 건가?' 이런 삶이 1년 후, 5년 후에도 반복될까봐 덜컥 겁이 났다. 그즈음 나는 미련 없이 유학 준비를 접었다.

그해 5월부터 언론사 공채에 응했다. 지금 생각해보면 말도 안 되는 일이었다. 입사하려면 논술시험을 봐야 한다는 것만 알았지, 어떤 논제가 나오는지에 대해선 무지했다. 많은 언론사가 작문 시험은 별도로 본다는 사실도 몰랐다. 나는 신문을 좋아했을 뿐, 신문사나 방송사에 직원으로 들어간다는 생각은 초등학교 이후로 해본 적이 없었다. 상식 시험이라든가 한국어능력시험도 봐야 한다는 건 뒤늦게 알았다.

일단 학위논문을 쓰면서 입사 준비를 한다는 것 자체가 무리였다. 학부 학점은 4.3점 만점에 3.0점을 겨우 넘겼다. 한때 친구들 사이에서 별명이 '시험 영어의 강자'였으나, 감각이 녹슬었는지 원하는 토익 점수도 나오지 않았다. 애당초 입사를 목표한 적이 없으니 그럴듯한 대외 활동 경력도 없었다.

운 좋게도 처음 지원한 보도전문채널에서 서류 전형을 통과해 필기시험을 볼 기회를 얻었다. 장소는 양천구의 어느 중학교였던 걸로 기억한다. 수능 이후 그렇게 많은 사람과 같은 장소에서 펜대를 굴린 건 처음이었다. 그러나 다음 전형으로 갈 기회는 갖지 못했다.

이후에 쓴 모 일간지 공채에는 서류의 문턱조차 넘지 못했다. 그러고 나서 또 운 좋게도 지상파 방송사 공채에서 서류와 필기를 통과해 3차 면접까지 갔다. 그 단계를 통과했으면 사장 면접이었다. 그 회사에 탈락한 게 못내 아쉬웠다.

그 뒤 S라는 신생 회사에 입사했다. 신생 회사이긴 해도 지원자가 제법 많았다. 면접도 체계적으로 진행되었다. 잘 알려진 언론사에서 만든 스타트업 형태의 자회사라서 그랬다. 어쩌다 최종 면접까지 가게 되었다. 더 큰 회사의 문을 두드려볼까 잠시 생각했지만, 곧 서른한 살이 되는 나에게는 리스크가 많은 길이었다.

최종 면접은 무려 '회장실'에서 했다. 누구나 이름은 한 번쯤 들어봄직한 회사의 '오너'를 만난 건 그때가 처음이다. 80대의 회장은 "내일 입사하면 무슨 기사를 쓰겠나", "올해의 인물을 한 사람 꼽고 이유를 말한다면" 등의 질문을 했다. 어떤 답변에서였는지 회장이 흡족한 표정을 지었다. 그 치열한 경쟁을 뚫고 입사한 뒤 받은 첫 월급은? 세금 떼고 '겨우' 195만 원 정도 되었다. 1,000원을 아끼던 시절이 아니었으면 진지하게 퇴사를 고민했을 것이다.

꿈꾸는 대로 살다간 망한다

　　이곳저곳에서 '왜 기자가 되었는지' 물으면, 사실이지만 진실은 아닌 답변으로 일관했다. '글 쓰고 사람 만나는 걸 좋아하는데, 2가지를 충족하는 직업이 기자여서……' 이렇게만 말하고 나면 더 자세히 묻는 사람은 아무도 없었다. 어묵 핫바와 치킨 때문에 기자가 되었다고 하면 비웃음을 살까봐 이제껏 말을 하지 않았다(아내도 이 책을 보고 나서야 남편이 기자가 된 이유를 처음 알게 되겠지).

그랬다. 거룩한 사명감 같은 게 나를 기자의 길로 이끈 건 아니다. 나는 돈을 벌고 싶었고 그나마 가진 알량한 재주가 글쓰기뿐이었다. 기사를 써서 이름을 알리려던 것도 아니고, 기자라는 단어가 가진 명예감을 갈구하지도 않았다. 누구에게서 "우와, 너 기자 되었구나" 따위의 말을 듣고 싶었던 적도 없다. 박상영의 소설 속 화자가 말하듯 나는 "최선을 다해 삶에 적응하려고 노력하는 한 명의 인간"이었는데, 그때 나에게 열린 길은 오므린 듯 좁았을 뿐이다.

그즈음 깨달았다. 남과 다른 길을 가려면 인내심과 물적 토대가 있어야 한다. 나에게는 물적 토대가 없었고, 인내심은 있다고 생각했는데 일련의 사건을 겪으며 그조차 없다는 결론을 내렸다. 그랬다. 나도 '88만원 세대'였다. 내가 살아갈 한국 경제는 더는 성장하지 않는다고. 유학을 다녀온들 내 자리가 있을 것 같지 않다고. 저임금과 불안정한 고용 조건의 그림자는 내 삶에도 짙게 드리울 것이라고 생각하자 한숨이 나왔다.

슬픈 코미디와 같은 일이었다. 나는, 아니 우리 세대는 3저底 (달러·유가·금리) 호황의 시대에 태어났다. 컬러텔레비전과 프로야구, 86아시안게임과 88서울올림픽의 시대를 건너왔으며 미국의 칼럼리스트 토머스 프리드먼Thomas Friedman이 간파했듯 네트워크와 소프트웨어가 지구상 국가를 이웃집처럼 연결한 '평평한 세계The World is Flat'에서 성장했다. 단군 이래 최고로 똑똑한 것까지는 몰라도 세계화 시대의 주역이라며 온갖 기대감을 받고 자랐다.

학창 시절, 나와 우리 세대가 귀가 아프도록 듣던 말은 개성과 재능을 살리라는 것이었다. 그리하여 우리는 그 유명한 '이해찬 세대'였다. '하나만 잘하면 대학 간다'는 말은 우리 사이에서도 유행처럼 돌고 돌았다. 현실은 이해찬의 설계도대로 흘러가지 않았다. 우리는 시험도 잘 봐야 했고, 봉사활동에도 적극적이어야 했으며, 특기·적성을 PR하기 위해 파워포인트PPT까지 자유자재로 사용할 줄 알아야 했다. 대학에 가려면 정시도 준비해야 했고 수시에도 대비해야 했다.

이를테면 우리는 꿈꾸는 대로 살고 적성대로 일하라는 말을 주문처럼 듣던 세대였으나 자라고 나서는 그렇게 살다간 '루저' 신세를 면치 못하리라는 걸 깨달은 세대였다. 우리가 성인이 되어 마주한 한국은 저성장이 '뉴노멀'로 자리매김한 국가였다. GDP도, 경제성장률도, 연봉도 과거처럼 오를 일은 이제 없었다. 산업화의 영화榮華는 막을 내렸다. 산업화 세대나 민주화 세대의 문법대로 살다가는 망할 것이었다.

스펙에 질식당하다

"안정적인 직장을 얻기 위해, 더 정확하게 말하자면 실업이라는 '실패 상황'으로부터 벗어나기 위해 요구되는 '스펙'을 축적하는 것이 청년들에게 가장 중요한 과제로 인지되기 시작했으며 연애, 결혼, 임신, 출산, 육아로 구성되는 친밀성 영역이 합리적으로 관리되어야 하는 문제 영역(리스크)으로 전환되어, 결혼과 출산이 삶의 필수적 과정으로부터 선택의 대상으로 전환되는 양상이 강화되기 시작했다."[7]

— 김홍중, 「서바이벌, 생존주의, 그리고 청년 세대: 마음의 사회학의 관점에서」

불안한 줄타기를 하는 대학생

태초에 스펙이 있었다. 학벌, 학점, 외국어, 자격증이 스펙의 블랙홀로 빨려 들어갔다. 이따금 저항하는 개인이 있었다. 1986년생 김예슬은 고려대학교 경영학과 3학년이던 2010년에 "오늘 나는 대학을 그만둔다, 아니 거부한다"는 제목의 대자보를 붙이고 자퇴를 선언했다. 울림이 깊은 곳은 대자보의 세 번째 문장이다. "G세대로 '빛나거나' 88만원 세대로 '빛내거나', 그 양극화의 틈새에서 불안한 줄타기를 하는 20대."

대부분 개인은 속수무책의 상황에 놓였다. 인턴십, 공모전,

어학연수가 '취업용 대외 활동'으로 탈바꿈해 삶을 파고들었다. 이 길이 맞는 길인지 의문부호도 품지 못한 채 밑도 끝도 없이 스펙 사회에 발을 들였다. 낭만을 팔던 동아리 활동도 자기소개서(자소서)를 채울 글감으로 변모했다. 나는 대학 시절의 록밴드 활동을 협업의 미덕을 깨닫게 하고 당대 트렌드를 좇는 경험으로 포장했다. 만성적 불안감이 청춘의 일상을 잠식해갔던 시절이다.

2009년으로 기억한다. 그해 엠넷Mnet 오디션 프로그램인 〈슈퍼스타 K〉(슈스케)가 전국적인 열풍을 일으켰다. 무슨 일이 일어났는지 아시는가? 유수 대기업이 '슈스케' 방식으로 신입 사원을 선발하기 시작했다. 그즈음 여자 동기들이 본격적으로 취업 전선에 뛰어들었는데, 면접을 보고 오면 "무슨 연예인 뽑는 것도 아니고"라는 말을 자주 했다. 서류 전형 비중을 낮춘 대신 자기 PR과 합숙 전형을 도입했기 때문이다. 이때부터 자소서가 취업 전선의 총아로 떠올랐다. 그래도 '탈脫스펙' 현상이 일어나리라는 일말의 기대도 있었다.

'탈스펙 바람'은 엉뚱한 방향으로 튀었다. '차별화된 이야기'를 갖춰야 한다는 부담감이 되레 취준생들을 짓눌렀다. 시장은 기민하게 움직였다. '스토리가 스펙을 이긴다'는 문장이 자기계발서 시장에서 회자되었다.

그즈음 우리에게도 '기업은 역경을 극복한 경험을 갖춘 지원자를 선호한다'는 이야기가 널리 퍼졌다. 아르바이트도, 해외 봉사도, 창업도 고진감래苦盡甘來의 서사로 탈바꿈해 스펙으로 수렴되어갔다. 문학이 아니라 취업을 위해 서사를 찾아다녀야 하는 시절이었다. 우리는 방학 숙제를 풀 듯 '고행길'에 나섰다. 혹은 고행으로 포장할 만한 경험을 찾아 나섰다.

나는 대학 시절 러시아 연해주 해외 봉사단에 참여한 적이 있다. '무려' 부단장이던 나는 그다지 어려울 것 없는 업무(벽화 그리기 봉사)와 레크리에이션을 담당했다. 자소서에는 그런 내용은 싹 빼고 연해주까지 가는 고달픈 여정을 위주로 채워 넣었다. 거짓을 쓴 건 아니나 곁다리를 중심부로 바꿔놓았다고 해야 할까? 이를테면 스토리가 스펙을 이긴 것이 아니라, 스펙이 스토리를 적대적 인수합병 방식으로 먹어치웠다. 그런 기묘한 행태가 시작된 시절이었다.

자소서를 팝니다

대학가에 이상한 '지하경제'가 존재하던 시절이기도 했다. 다음은 실제 내가 취재했던 사례다. 서울 시내 사립대학교를 졸업한 1989년생 직장인 장석민(가명)에게서 직접 들은 이야기다. 그는 취준생 시절 자소서를 '거래'해본 적이 있다고 했다. 대학교 화장실이나 게시판에 자소서 판매 '지라시'가 붙으면 거기에 연락해 돈을 받고 판매하는 식이었다. 그가 한창 활동한 시기는 2013~2014년이다. 1980년대 중후반 세대가 취업시장에서 아등바등 버티고 있을 때다.

시장은 꽤나 체계적이었다. 업체나 직군, 또 채용 과정에서 어느 선까지 합격했느냐에 따라 가격이 달라졌다. 장석민에 따르면 서류 전형까지 합격한 자소서는 1편당 평균 5,000~8,000원 선에서 거래되었다. 그는 보통 이 가격대로 팔았다고 했다. "최종 면접까지 간 지원자의 자소서는 가격대가 3~5만 원대에 형성되었어요. A기업(취준생 사이에 선호도가 매우 높은 대기업 계열사)의 자소서는 업체마다 '웃돈'을 주겠다고 했습니다. 결국 7만 원에 팔았어요."[8]

도덕의 잣대를 제거할 때, 지하경제는 수면 위로 떠오른다. 몇 년 전까지 한 채용 정보 사이트는 '합격 자소서'를 등록한 회원들에게 상품권을 증정하기도 했다. 장석민이 귀띔한 최종 면접 자소서 '거래 대금'과 비슷한 수준에 팔린 셈이었다. 모양새만 보면 돈을 지불해 첨삭을 받은 자소서로 기업에 합격한 뒤, 이를 근거로 다른 지원자에게 수만 원에 판매할 수 있는 구조였다.

지금도 포털사이트에서 '자소서 컨설팅'을 검색하면 100건이 넘는 광고가 뜬다. 키워드를 '자소서'로 바꾸면 '자소서 작성 대행'이라는 문구를 버젓이 단 광고까지 검색에 걸린다. 더 구체적으로 '자소서 첨삭'을 키워드에 입력하면 각종 인터넷 카페에 올라온 여러 상담 후기도 볼 수 있다. 1980년대생을 대상으로 형성된 시장이 지금은 고객층을 1990년대생과 2000년대생으로 바꿔 성행하고 있다.

한 채용 정보 사이트는 대기업이나 공기업 등 취준생이 선망하는 회사에 한해 익명을 전제로 '샘플 자소서'에 대한 평가도 게시하고 있다. 국내 대표적인 공기업 자소서를 두고 아래와 같은 '지원과 평가'가 오갔다. 문항은 '지원 분야와 관련해 특정 영역의 전문성을 키우기 위해 꾸준히 노력한 경험에 대해 기술해주십시오'다.

A 지원자 전공 수업에서 설계 프로그램을 처음 배웠습니다. AUTOCAD(자동화설계디자인), CATIA(3D기계설계)를 처음 접해보았지만, 굉장히 재밌었습니다. 학기가 끝났지만, 설계 프로그램에 대한 저의 열정은 식지 않았습니다. 설계에 대해 더 깊이 배우기 위해 학원에 등록했습니다. 학교에서 배운 것보다 더 깊이 있고 상세하게 많은 프로그램을 배울 수 있었습니다. 많은 설계 프로그램을 배운 덕분에 도면 및 규격에 관한 지식도 쌓을 수 있었습니다.

평가자 결론적으로 지원자가 한 것은 전공 수업을 수강하고 학원에서 추가 교육을 받은 것이 전부입니다. 이 경험이 지원자만의 경험일까요? 이 회사에 지원하는 많은 지원자가 똑같이 가지고 있을 수 있는 평범한 경험이라는 것입니다. 그렇다면 평범한 경험이 비범한 내용이 되기 위해서는 어떤 작업이 필요할까요? 이 경험을 통해 지원자가 어떤 능력과 실력이 있는지, 그 수준이 어느 정도인지, 그것이 이 회사 해당 직무에 어떤 직접적인 연관이 있는지 구체적으로 제시하는 것이 필요합니다.

지원자의 서술은 문항의 취지에 부합했다. 대학 시절 직무와 관련한 전공 수업에 흥미를 느꼈고 학원까지 다니며 지식을 쌓았다. 하지만 평가자는 '많은 지원자가 똑같이 가지고 있는 평범한 경험'이라고 일축했다. 경력 사원이 아니라 신입 사원 지원자에게 내놓은 평가다. 대졸자가 갖춰야 할 '비범한 경험'이란 무엇일까? 다른 직무에 지원한 B는 같은 항목을 두고 이렇게 썼다.

B 지원자 통신 이론, 통신 네트워크 및 정보통신에 대한 지식 등 다양하게 있었고, 이를 학습한 저 스스로에 대한 자신감과 결과물을 얻고 싶었습니다. 그래서 저는 기사 자격증 획득을 목표로 했습니다. 반복 학습과 이에 대한 내용을 다시 정리해 공부한 결과, 무선설비기사, 정보통신기사, 정보처리기사 3개의 자격을 얻게 되었습니다.

B 지원자의 글은 거친 편이다. 그런데 내용은 알차다. 자격증을 3개나 취득했다. 거기에 들인 노력이 얼마나 컸을지 행

간만으로 가늠할 수 있다. 평가자는 어떤 판단을 내렸을까?

평가자 공공기관에서 가산점을 주는 자격증에 대해 언급한 점은 나쁘지 않으나 그것만 있다는 점은 아쉽습니다. 즉, 자신의 전문성을 자격증 취득만 제시할 것이 아니라 전공 및 직무와 관련한 개인적인 노력, 학습, 경험 등도 적극적으로 제시해야 하고, 그 결과 어떤 지식과 능력, 실력이 있는지, 그것이 지원 직무와 어떤 직접적인 연관이 있는지 제시해야 한다는 것입니다.

A 지원자는 전공 수업을 듣고 학원만 다녔다고 타박을 받았다. B 지원자는 자격증만 갖고 있다고 지적받았다. 전공 수업, 학원 수강, 자격증을 모두 갖추라는 말이었다.

서바이벌 게임이 시작되다

2010년대 초반에도 언론에 중견·중소기업에는 인력난이 심하다는 기사가 수없이 실렸다. 그럼에도 왜 우리 세대는 자소서 내용을 채우기 위해 고난을 마다하고, 돈을 주고 자소서를 사면서까지 취업 전선에 나섰을까? 기업에 들어가야 '성공'이라는 사고가 광범위하게 퍼져 있었기 때문이다. 통계가 말하는 바도 그렇다.

1990년에는 국민소득에서 기업의 이익이 차지하는 비중이 16.1퍼센트였다. 2011년에 그 비중은 24.1퍼센트로 급증했다. 무슨 일이 있었는가? IMF 외환위기를 거치면서 한국 기업의 수익성이 개선되었기 때문이다. 직전 시기만 해도 흔히 '회사 못 가면 장사라도 하지'라는 농담이 익숙했다. 실제로 1996~2000년 자영업자의 영업이익 증가율은 9.3퍼센트로 기업의 영업이익 증가율 7.5퍼센트를 앞섰다. 2001년에 이르러 자영업자의 영업이익 증가율은 1.5퍼센트로 추락하고 만다. 그 대신 기업은 2000년대 들어 연 11퍼센트 이상 저축을 늘리면서 현금 보유를 점점 늘렸다.[9]

2000년대는 기업의 전성시대였고, 기업 논리가 헤게모니를 장악한 때였으며, 그것이 대학에도 막대한 여파를 미친 그런 시절이었다. 2000년대 학번들이 너도나도 경영학 복수전공에 몰두한 건 우연이 아니다. 기업이라고 다 같은 기업도 아니었다. 정규직과 비정규직, 대기업과 중소기업이 계급화했다. 대기업과 공기업 정규직은 성 안이고 나머지는 성 밖이었다. 그 사이에는 거대한 단절선이 있었다. 1980년대생 앞에는 일자리가 없던 게 아니다. 그들이 기대하는, 그리고 꼭 들어가고 싶은 '성 안의 일자리'가 적었을 뿐이다.

2017년 한국직업능력개발원의 「지난 10년간 4년제 대졸자 노동시장의 변화」 보고서를 보면 4년제 대졸자의 고용률은 4.6퍼센트포인트, 정규직 취업률은 10.6퍼센트포인트, 대기업·공기업 등 선망 직장 취업률은 9.3퍼센트포인트 하락했다. 1980년대생이 취업 전선에 있던 시기에 전체 고용률 감소치보다 정규직과 대기업·공기업 등 질 좋은 일자리 취업률 감소치가 2배 이상 높았다.

'좋은 직장'을 두고 서바이벌 게임이 시작되었다. 1990년대생보다 1980년대생이 먼저 겪은 일이다. 1985년생인 이준석 전 국민의힘 대표는 비정규직이 정규직으로 전환되는 과정을 설명하면서 "올라가다"라는 표현을 썼다. 그의 정치적 지향이 무엇이건, 1980~1990년대생 상당수의 정서를 대변하는 단어라고 생각한다.

"과거라면 비정규직의 정규직화에 대해서도 배가 아플 수는 있겠지만 그로 인해 내가 나빠지는 건 없거든요. 그런데 인천국제공항공사 사태에서 나타나듯 이제 비정규직의 정규직화도 절대선으로 보지 않는 겁니다. 비정규직 공항 노동자들이 정규직으로 올라가게 되면 내 공채 인원이 줄어드는 건 자명하니까. 약탈적 상황이 된 거죠."

87년생 대기업 과장의 이야기

"월급이란 젊음을 동대문 시장의 포목처럼 끊어다 팔아 얻는 것이다. 월급을 받을수록 나는 젊음을 잃는다. 늙어간다. 가능성과 원기를 잃는 것이다. 존재가 가난해진다. 젊음이 인생의 금화라던 황 사장의 말 역시 수사가 아니다. 이대로 10년, 20년 또 어느 회사에서 삶을 보내든 그 회사가 모두 이렇다면 내 인생의 금화는 결국 몇 푼 월급으로, 지폐로 바뀌어 녹아버릴 테고 나는 그저 노인이 돼 있을 터였다."[10]

— 이혁진, 『누운 배』

성 안으로 진입하다

　문선명은 1987년 서울에서 태어났다. 2006년 서울 시내 사립대학교에 입학해 불문학을 전공했다. 직장 생활은 2015년부터 시작했다. 대기업 식품 계열사에 영업 관리직으로 입사했고, 입사 2년차에 홍보팀으로 옮겼다. 나와는 이즈음 기자와 홍보실 직원의 관계로 처음 만났다.

　일 때문에 알게 된 사이지만, 인간적으로도 가깝다. 나이도 비슷하고 직장 생활도 거의 같은 시기에 시작해 통하는 구석이 많았다. 몇 년간 독서 모임도 같이했다. 원래 다니던 회사도 유수의 대기업이었는데, 2020년 또 다른 대기업 계열사로 이직했다. 처음 만날 땐 사원이었는데 지금은 과장이다. 차곡 차곡 벽돌 쌓듯 한 시절을 통과하는 그를 보면 지금도 혼자 뭉 클해진다.

대기업 정규직으로 사회생활의 출발선을 끊었다는 건 성 안으로 성공적으로 진입했다는 뜻이다. 그는 인문대학을 다녔 지만 일찍부터 대기업에 가야겠다고 마음을 먹었다. "여유로 운 삶까지는 아니어도 부족하지 않은 삶을 누릴 수 있지 않을 까 하는 막연한 기대가 있었거든요." 동시대를 살아온 세대가 가진 보편적인 정서였다.

입사 후 대표이사 이름으로 축하 화환이 집에 왔을 때 울음 을 터뜨리며 덩실덩실 춤을 추던 부모님의 모습이 잊히지 않 는다고 했다. 당시 그가 입사한 대기업에는 300여 명의 신입 사원 동기가 있었다. 모두가 비슷한 감정을 공유했다고 그는 기억한다.

'졸업→대기업 입사'라는 한마디로 요약할 성질의 일이 아 니다. 취업 준비 첫 해이던 2012년, 원하던 기업 10여 곳에서 고배를 마셨다. 불문학을 전공했고 어학연수까지 다녀와 높은 어학 점수를 갖추었지만 벽이 높았다고 했다. 그 이유는 앞서 우리가 확인한 바와 같다.

"당시에는 스토리가 있어야 취업에 성공한다는 자소서 중심, 이른바 경험 중심의 채용 트렌드가 대세로 자리 잡기 시작할 즈음이었잖아요. 이른바 '팔리는' 경험이 일천했던 저에게는 전형을 뚫기가 쉽지 않았던 것 같아요."

대기업에 몸담은 지금이야 그렇게 회고하지만, 사실 처음부터 그런 명확한 진단서를 갖고 있지는 않았다. '팔리는' 경험이란 게 어디 하루아침에 만들 수 있는 것인가? 이듬해에도 같은 방식, 그러니까 어학 실력을 무기로 여러 군데 회사 공채에 지원했다. 그 결과는 똑같았다. 취준생이라면 으레 그렇게 생각하듯 "나이를 먹다 보니 서류에 합격하는 비율이 낮아지는 느낌이 들었다"고 했다.

취업 컨설턴트를 찾아간 적도 있다. '팔리는' 경험, 그러니까 스토리를 만들어야 했다. 고생고생해야 한 줄이나마 쓸 내용이 생겼다. 이즈음 어머니의 조언 덕에 집 근처 재래시장에서 과일 판매 아르바이트를 했다. 일회성이 아니라 6개월이나 했다. 그리고 나서 2014년 하반기에 기업 3곳에서 최종 합격 통보를 받았다. 그 과정을 뚫기까지 3년간 총 200여 개 기업에 지원했다. 결국 직원을 뽑는 건 사람의 일이니 계량화된 지표를 확인해본 적은 없지만, 아마 과일을 팔았던 경험이 기업에는 '팔리는' 경험으로 먹혀든 게 아닐까 그는 생각한다.

사다리가 없다

본디 회사는 정글이다. 살아남아야 날개를 펴서 비상할 수 있다. 누구나 인정투쟁에 몰두하고, 또 누구나 자기 셈법을 곱씹는 곳. 처세의 기술을 발휘하고 조직 문화에도 금세 눈을 떠야 한다. 치열한 경쟁을 뚫고 들어온 세대라면 이 정글에서 생존할 무기는 3~4개씩 갖고 있는 게 당연해 보인다. 어쩌면 이 생존주의 세대는 대기업에 특화된 인간일지도 모른다. 아니다. 그들은 만인의 만인에 대한 투쟁을 거쳐 정글에 발을 들였으나, 정글 문화는 터부시한다. 나는 그조차 먹고사는 문제에서 비롯했다고 생각한다. 성 안에는 들어왔으나 이곳에 있어야 할 사다리는 기대보다 헐거웠던 것이다.

1980년대생의 부모인 베이비부머 세대에게 정글에서 버티게 만든 힘은 자산 증식이었다. 그 제도적 기반이 호봉제였다. 조직 기여도와 상관없이 근속 연수에 따라 임금이 가파르게 올랐다. 사실상 종신고용 모델을 바탕으로 도입한 임금 체계였다. 베이비부머 세대에게 행복은 오래 일할수록 오르는 임금이었다. 미래에 대한 확실성이 베이비부머 세대를 회사에 붙들어 맸다.

그래도 불안했는지 회사는 '가족 같은'이라는 단어까지 동원했다. 정주영 현대그룹 창업주는 생전에 직원들을 두고 "남이 아니라 한솥밥을 먹는 가족"이라고 칭했다. 오랫동안 한국의 회사는 유사가족類似家族의 형태를 띠어왔다. '오너'는 가부장이었고, 직원들은 가부장이 보듬어야 할 인격체로 규정되었다. 문선명이 말했다.

"윗세대는 왜 해가 뜨기 전에 출근해서 새벽까지 있을까? 그럼에도 불만이 적은 이유가 무얼까? 그 이유에 대해 많이 생각해보았거든요. 아직도 잘 모르겠어요. 다만 당시에는 결혼도 일찍 했고 내 집 장만도 가능한 때였잖아요. 회사 일을 묵묵히 하다 보면 이미 갖고 있는 아파트 자산이 다시 돈을 벌어

다주는 시기였고. 그러면 회사와 나를 동일시해도 괜찮은 때가 아니었을까 싶기도 해요."

이제는 사다리가 없다. 그러니 회사가 잘되어야 더 나은 미래가 도래하리라는 기대감은 찾기 힘들다. 회사가 성장하는 만큼 내가 성장하지는 않는다. 그것은 체념과는 다른 정서다. 당면한 현실에 자기 자신을 맞춰가되, 회사가 만들어놓은 설계도 속으로 빨려 들어가지 않겠다는 의지일 뿐이다. 회사에 의존하면 회사에 끌려간다.

몇 년 전, 어느 기업체 임원과 밥 먹은 이야기를 기사에 소개한 바 있다. 내가 "박봉인데, 앞으로 돈을 들여야 할 곳이 너무 많아 걱정"이라고 말하니 당시 임원은 "십수 년 전 연봉이 지금의 20퍼센트였다"면서 "매해 오르다 보니 지금의 억대에 이르게 되었다. 금방이다"고 말했다. 재차 이런 말을 할까 하다 선의에 딴죽 거는 것 같아 마음속으로만 말했다. '전무님, 지금은 그때와 같은 고성장 시대가 아니랍니다. GDP도 연봉도 그렇게 오를 날은 이제 한국에 돌아오지 않아요.'

'갓생' 사는 세대

세대와 세대 간에는 또렷한 경계선이 있다. '부장 세대'는 아랫세대를 칭찬할 때 이렇게 말한다. "그 친구, 참 괜찮더라. 요즘 애들 같지 않아." 요즘 애들 같지 않아야 인사고과를 잘 받는다. 그리고 아랫세대는 상사와 소통 가능성이 없다고 느낄 때 그냥 입을 닫는다.

2020년 4월 8일 대한상공회의소가 발표한 「한국 기업의 세대 갈등과 기업 문화 종합진단 보고서」를 보자. 이 보고서에서 '조직을 위해 개인을 희생할 수 있다'는 항목에 20~30대는 각각 35.2퍼센트와 33.5퍼센트만 동의했지만, 40~50대는 각각 47.4퍼센트와 66.7퍼센트가 동의했다. 이 보고서는 대한상공회의소가 30개 대기업과 중견기업에 소속된 직장인 약 1만 3,000명을 대상으로 한 실태조사를 기초로 세대별 심층면접FGI 과정을 거쳐 작성되었다.

이 보고서에 따르면, 국내 직장인 10명 가운데 6명(63.9퍼센트)은 세대 차이를 느끼는 것으로 나타났다. 직장 내 세대 차이를 '문제'로 인식하는 이들은 아랫세대일수록 더 많았다. '세대 차이가 업무에 부정적 영향을 미치는지'에 대해 20대의 41.3퍼센트와 30대의 52.3퍼센트가 '그렇다'고 답한 반면, 40대는 38.3퍼센트, 50대는 30.7퍼센트만 '그렇다'고 답했다.

심층면접에서 한 팀장급 직원은 "팀 전체가 남아서 일하는데 막내가 인사하고 칼퇴하는 건 개인주의를 넘어 이기적 행동"이라고 했다. 반면 젊은 직원은 "업무시간에 열심히 일했으면 역할을 다한 것"이라고 답했다. 이에 대해 대한상공회의소는 "의무 중심으로 생각하는 윗세대는 맡겨진 일을 우선하는 반면 권리 중심으로 생각하는 아랫세대는 근로계약서상 근무시간을 중요시한다"고 분석했다.

여기에는 어처구니없는 착시가 있다. 기성세대는 근면 성실한데, 젊은 세대는 노는 데 시간을 투여한다는 그런 관념 말이다. 이상하지 않은가? 스펙 시대를 건너온 지금의 젊은 세대는 상투적인 비유를 다시 들이밀면 "단군 이래 가장 근면 성실한 세대"다. 그렇게 해도 성 안에는 딱 극소수만 진입했다. 그들이 근면하지 않아서, 혹은 열심히 살지 않아서 조직에 무심하다고 생각하면 착각이다.

젊은 세대는 부지런히 산다. 아니 걱정될 만큼 바쁘게 산다. 아랫세대로 갈수록 스케줄러가 지저분하다. 잠깐의 '인터벌interval'도 없이 살고 있기 때문이다. 그러고 나서 투자건 자기계발이건 나의 '부캐 활동'을 한다. 맨날 인스타그램에 '맛집'이나 '핫플'만 올린다는 이유로 놀고 다닐 거라고 생각하면 오산이다.

문선명이 1990년대생과 처음 일하기 시작한 건 말년 대리이던 2020년 즈음이다. 『90년생이 온다』는 책이 한바탕 인기를 끌고 난 뒤였다. 사회적으로 '꼰대'와 '요즘 애들' 간의 간극을 알아보는 게 유행처럼 번진 때였다.

"1990년대생은 윗세대 정도의 생활수준을 영위하기 위해 더 많은 노력을 해야 하는 세대 같아요. 특히 집을 장만할 수 없다는 공포가 있다는 생각이 들고. 그렇기 때문에 '갓생' 사는 직장인 비율도 늘어나는 것일 테죠. 투자에도 적극적이고, 부업에도 두려움 없이 뛰어들고. 보상에 즉각적으로 반응하지만 보상이 마땅치 않다고 생각하면 미지근한 반응을 보이고요."

완벽한 조직은 없다. 회사, 정당, 시민단체, 심지어 국가까지 조직은 주기적으로 퇴보를 겪게 마련이다. 독일 태생의 유대인 경제학자 앨버트 허시먼Albert Hirschman은 조직이 퇴보할 때 개인의 선택지가 3개, 즉 이탈Exit, 항의Voice, 충성Loyalty이 라고 보았다. 항의는 조직의 회복을 위해 경고음을 울려 문제를 해결하려는 시도다. 항의로 개선을 시도해도 변화가 없다면 개인은 조직을 이탈한다. 항의보다 적극적 행동으로 보이지만 실은 조직에 대한 기대를 접었다는 뜻이다.

지금의 젊은 세대 직장인들은 어떤가? 보상 체계의 불공정성에 항의한다. 상급 노조 대신 사내 사무직 노조 등 개별적으로 직원 개개인의 이익을 위해 싸운다. 그러다 변화의 조짐이 없으면 어떻게 할까? 내 일에 더 몰두한다. 혹은 '쿨'하게 이직하면 그만이다. 내 살길 찾는 데서 조직 논리에 복속될 필요는 없다. 충성의 대상은 '나를 고용한 조직'이 아니라 '내가 이루어내는 성취'다.

따라서 결론은 분명하다. 떠나게Exit 하지 않으려면 '나'를 충성Loyalty으로 유인할 과업과 성취감, 성과에 따른 정당한 보상을 제공해달라. 1980년대생과 1990년대생이 이기적인 세대여서 혹은 권리만 주창하는 세대여서가 아니다. 제대로 먹고살기 위해 요구하는 것이다. 그것이 사다리를 잃은 세대가 사는 법이다.

1984년생 지인이 있다. 그는 자신의 업계에서 주목받는 신예다. 그런데 그는 자신을 대외에 알린 그 직업이 '부업'이라고 말한다. 그가 생각하는 '본업'은 예술이다. 이를테면 그 지인은 본업을 위해 부업으로 돈을 버는 셈인데, 그런데도 부업에서 능률이 무척 돋보인다. 생존보다 생활에 초점을 맞춰도 충분히 '조직에 도움 되는 사람'이 될 수 있다는 이야기다.

제장

진보 담론
우위의
시대

그 시절 우리가 뽑은 비운동권

"세대론이 주는 단순화의 오류를 무릅쓰고 말하자면 우리 세대, 그러니까 80년대생들도 청소년기의 중요한 감각을 거리에서 배웠다. 그러나 우리의 거리는 승리의 경험을 안겨다 준 정치적 구호가 메아리치던 80년대의 거리와 구분된다. 자유로운 분위기 속에서 새로운 문화가 수혈되며 생기가 돌던 90년대의 거리와도 구분된다."[1]

— 박혜진, 『언더스토리』

한총련의 시대

1990년대는 한총련(한국대학총학생회연합)의 시대였다. 1993년 고려대학교에서 열린 한총련 출범식에는 수만 명이 모였다. 이 소식을 전하는 KBS 뉴스 앵커는 이렇게 말했다.

"고려대 한총련 집회에 참석하기 위해 서울에 온 지방 대학생 2,000여 명은 오늘 오후 서울 연희동 일대에서 5·18 진상 규명과 전두환·노태우 전직 대통령의 처벌을 요구하면서 격렬한 시위를 벌였습니다. 오늘 시위 과정에서 대학생과 전경 등 30여 명이 다쳤으며 연희동 일대의 교통이 3시간 동안 극심한 체중 현상을 빚었습니다."**2**

　에세이스트이자 편의점주인 봉달호에게 "1990년대에도 자주통일운동NL이 학생운동의 중추 아니었습니까?"라고 물은 적이 있다. 그는 1974년생으로 전남대학교 92학번이다. 고등학교 1학년 때부터 학생운동을 시작해 구력은 길다. 주체사상을 공부했으나 나중에 비非NL 계열로 총학생회장에 출마해 당선되었다. 전남대학교 역사상 두 번째로 당선된 비NL 총학생회장이었다.

　"저는 거창하게 얘기하면 1996~1997년 전향했어요. 더는 NL이니 PD(민중민주)니 ND(민족민주)니 이런 말은 안 하겠지 했는데 지금도 같은 말을 하고 있잖아요. '세상이 왜 이래'(웃음). 저는 고등학생이던 1989년 운동을 시작했어요. 1980년대 학생운동은 그나마 고민이 있던 것 같아요. 1990년대 학생운동은 주입식이었어요. 김정일이 쓴『주체사상에 대하여』는 거의 외우다시피 했죠. 1990년대 중반이 되면 정통을 따지면서 북한에서 나온 원서가 아니면 보지도 않았습니다. 굉장히 교조화한 거죠. 1990년대 대학에는 상반되는 세력이 공존했어요. 전체주의 문화를 가진 운동권이 있던 반면, 서태지와 아이들에 빠진 대학생들이 있었어요. 두 집단이 대학에서 어울렸는데 지금은 똑같은 정치 성향을 보이니 참 그로테스크 grotesque(기괴)해요."[3]

한총련의 헤게모니는 1996년 연세대학교 점거 농성을 계기로 손상되었지만, 세기말까지 그 세勢가 이어졌다. 그러나 2000년부터 전혀 새로운 시간대가 열렸다. 그해 전국 280개 대학에서 비운동권이 총학생회장에 당선된 곳이 130여 개로, 한총련 주류인 NL 계열이 당선된 숫자(110여 개)를 처음으로 넘어섰다.[4] 현재 정치권에 있는 1980년대생 중에는 2000년대에 각 대학에서 비운동권을 표방해 총학생회장을 지낸 인사가 여럿 있다.

한총련 NO, 뉴라이트 NO

1984년생 백경훈은 2006년 전북대학교 총학생회장을 지냈다. 그는 비운동권을 표방하면서 '여러분의 밥숟가락을 책임지겠다'는 캐치프레이즈를 내세웠다. 백경훈은 2021년 국민의힘 대선 경선 당시 원희룡 후보 캠프 대변인을 지냈다. 2022년에는 윤석열 대통령직인수위원회 기획위원으로 활동했다. 백경훈이 말했다.

"총학생회장 때 취업 문제가 사회적으로 불거지기 시작했어요. 학생들의 관심사가 일자리에 집중되어 관련 공약을 집중 개발했죠. 1990년대 학번은 운동권 끝물에 있던 세대예요. 2000년대 초중반 학번은 달랐는데, 민주화 이후 1990년대에 유년기를 보낸 영향도 있을 테고요."

1982년생 김병민은 윤석열의 대선후보 시절 대변인이었다. 그는 2006년 12월에 경희대학교 총학생회장 선거에 출마했다. 경희대학교는 서울대학교·고려대학교와 함께 2000년대 중반까지 NL 운동권의 세가 강한 대학으로 꼽혔다. 당시 대학가에는 운동권도 싫고 보수 정치색이 짙은 세력도 싫다는 기류가 흘렀다. 운동권에 반감을 가진 학생이라고 해서 보수는 아니었다. 그 점을 알아야 선거에서 이길 수 있었다. 김병민은 '둘 다 싫다'는 점을 강조해 선거 전략을 짰다. 나는 김병민이 선거에 나섰을 당시 그와 경쟁하던 후보를 도운 적이 있어 전후 사정을 잘 아는 편이다. 김병민은 이렇게 말했다.

"비운동권을 찍는다고 보수를 지지하는 게 아니었지. 나는 슬로건으로 '한총련 NO, 뉴라이트 NO'를 앞세웠잖아. 2000년 대 학번은 비운동권 학생회를 보고 자란 경험을 갖고 있어. 그런 세대가 30대가 되고 운동권 정부의 '내로남불'에 비판적인 게 어찌 보면 당연한 거 아냐?"

그해 겨울, 나는 바빴다. 바로 그 시점, 그러니까 2006년 12월에 나는 학과 학생회장에 출마했다. 사실 혼자 출마해서 찬반 투표를 했다. 반대표가 4~5표쯤 나왔던 기억이 난다. 찬성률 97~98퍼센트 수준이었다. 힐난하지는 마시라. 아무도 안 맡겠다는 자리에 손들고 나선 데 대한 동정표였으니…….

나는 출마하기 한 달 전까지 해야 하나 말아야 하나 고민했다. 학생회 활동을 제대로 해본 적은 없었다. 학과보다는 동아리방에 주로 드나들었다. 나는 스물두 살이었고, 남들 가는 길을 따라간다면 군대에 가야 할 시기였다. 남과 다른 길을 가려면 그만큼의 명분이 필요했다.

'한총련 학생회와는 다른 학생회를 만들고 싶다.' 내심으로는 김병민이 내건 '한총련 NO, 뉴라이트 NO'라는 슬로건에 공감하는 바가 컸다. 나와 함께 고민하던 후배들에게 그런 이야기를 했다. 이때의 '한총련 학생회'는 일종의 상징적인 용어였다. 학생회 본연의 임무보다 대외 투쟁에 몰두하는 학생회를 지칭하는 그런 용어 말이다.

학과 학생회장이긴 했는데, 학교 전체 이슈에 대해 목소리를 내는 일이 잦았다. 그 뒤부터는 대자보를 도맡아 썼다. 1980년대도 아니고 대자보를 쓸 일이 있을까 싶지만, 매일 논평 거리가 생겼다. 등록금 책정 근거, 학내 예산의 방만 운영, 총학생회 비판 등 쓸 게 많았다. 체계적인 활동을 위해 '더 나은 학교를 위한 더 좋은 생각'이라는 모임도 꾸렸다. 줄임말로 '더더'라고 불렀다. 구성원은 4명쯤 되었다. 대외적으로는 "열댓 명의 학우가 우리와 함께한다"고 뻥튀기를 했다.

그러다 총학생회장에 출마해야겠다고 생각했다. 이미 군대도 늦은 터라 내 나름 배수진을 쳤다. 6개월 넘게 선거를 준비했다. 사람들을 만났고, 공약을 개발했으며, 러닝메이트를 물색했다. 학생의 실생활에 주목한 학생회를 만들고 싶었다. 선거운동본부 명칭을 '리얼라이프Real Life'라고 했다. 제1공약으로 '자취방 보증금 무이자 대출 제도'를 제시했다. 실현 가능성을 따져보려고 관련 문제를 연구하는 시민단체에 가서 자문하

기도 했다. 필요할 경우 사회단체들과도 소통하는 학생회가
되고 싶다는 점을 강조하고 싶었다. 고민하다가 슬로건을 '열
린 비운동권'이라고 정했다. 운동권은 아니지만 필요할 경우
사회단체들과 연대할 수 있다고 했다.

결과적으로는 선거에서 참패했다. 후보가 4명 나왔는데, 겨
우 12퍼센트를 얻어 3등을 했다. 조직도 세력도 없이 12퍼센
트를 얻은 게 기적이라는 평가를 받은 걸 위안으로 삼았다. 절
치부심하고 이듬해에 또 출마했는데, 22퍼센트를 얻어 4명 중
2위로 낙선했다. 한 단계 오르긴 했지만 진 건 진 것이다. 2번
이나 낙선했지만 꼭 던지고 싶던 의제를 공론화했다는 데 만
족했다.

진보적 무당파 성향

2000년대 학번은 진보 성향이 분명히 강했다. 환경이나 인
권, 소수자 이슈에 관심이 많았다. 하지만 스스로 진보를 표방
한 운동권 총학생회가 자신들의 정책 선호를 반영하고 있지

않다고 생각했다. 2000년대에도 운동권 학생회들은 때만 되면 주한미국대사관을 찾아가서 집회를 했다. 나도 여러 번 따라갔다. 레퍼토리는 늘 같았다. '주한미군 철수.' 2007년에는 일부 운동권 학생회들이 '코리아연방공화국 찬성'을 슬로건으로 내걸어 논란이 된 적이 있다. 이것은 당시 진보정당 대선후보의 공약이기도 했다. 대학 사회 진보의 두 얼굴이었다.

2000년대 학번은 그와 같은 식의 진보에 거부감을 표했다. 지금도 또렷하게 기억에 남는 일들이 있다. 학내 운동권 조직이 주한미국대사관 집회에 갈 인원들을 모을 땐 참석률이 극히 저조했다. 하지만 6월 항쟁 기념행사나, 비정규직 관련 집회에는 상대적으로 참석자가 많았다. 거리로 나가는 데 대한 거부감도 그리 크지 않았다. 2002년 월드컵 거리 응원의 경험이 또렷하게 아로새겨진 세대였기 때문이다.

2000년대 학번은 비운동권이 보수라서 뽑은 게 아니었다. 비운동권의 공약과 슬로건이 자신들이 생각하는 진보와 더 가깝다고 생각해 표를 던졌다. 2000년대 비운동권 총학생회장 중 훗날 직업 정치인이 된 인물들이 각 당에서 중도 성향으로 분류되는 건 우연이 아니다. 당시 서울 시내 비운동권 총학생회장 중 대략 40퍼센트 이상은 민주당에 갔다. 김병민은 보수 정당 정치인이 되었지만, 비상대책위원 시절 정강·정책 개정을 총괄하면서 "민주화를 위해 애쓴 노고"와 "노동자가 건강하게 일할 권리"를 새겨 넣었다.

그즈음 그와 대화했을 때 "우리 당이 호남 유권자의 마음을 얻는 데 미흡했고, 세월호 참사 같은 아픔에 충분히 공감하지 못했고, 구의역 김군 사고 같은 사건이 발생했을 때 당장 비판(논평)은 하지만 그 뒤 어려운 노동자의 삶에 깊이 고민하지 못했다"는 말을 들었다. 그는 "당이 너무 한쪽 방향에서만 달려오면서 자본의 입장에서 노동자의 삶과 인권에 상대적으로 소홀했다"는 말도 덧붙였다. 발화자의 이름을 빼면, 민주당 정치인이 말했는지 국민의힘 정치인이 말했는지 알 수 없을 정도다.

대학에 진학한 1980년대생만 기준으로 삼는 일반화의 오류라고 비판할 수도 있다. 그런데 1980년대생은 대한민국 역사상 가장 대학 진학률이 높았던 세대였다. 통계청 자료를 보면 국내 고등교육기관(대학교) 취학률은 2000년에 처음으로 50퍼센트를 넘겼고 2004년 60퍼센트를 돌파했으며 2007년 70퍼센트를 찍은 뒤 2010년부터는 60퍼센트대로 다시 내려앉았

1989년	1990년	1991년	1992년	1993년
22.6%	23.6%	23.7%	24.9%	27.1%

1994년	1995년	1996년	1997년	1998년
31.7%	36.0%	41.1%	45.3%	46.4%

1999년	2000년	2001년	2002년	2003년
48.5%	52.5%	55.4%	56.8%	59.0%

2004년	2005년	2006년	2007년	2008년
62.2%	66.1%	67.9%	70.3%	70.6%

2009년	2010년	2011년	2012년	2013년
70.2%	69.3%	69.7%	69.0%	68.6%

2014년	2015년	2016년	2017년	2018년
67.7%	67.5%	67.3%	67.4%	66.8%

2019년	2020년	2021년	2022년
67.1%	69.0%	70.2%	71.9%

우리나라 대학 진학률(1989~2022년)

* 고교 졸업자의 대학 진학률은 2010년까지는 대학 합격자 기준이며, 2011년부터는 대학 등록자 기준이다.

다. 그리고 2021년에 들어와 다시 70퍼센트대로 복원되었다. 1980년대생은 1990년대생보다 대학에 더 많이 갔던 세대다.

그리하여 나는 현재 30대가 보이는 진보적 무당파 성향의 기원이 2000년대 대학가에 있다고 생각한다. 그 시절 비운동권을 지지했던 망탈리테가 뿌리 깊게 남아 있다고 본다. 이들은 대학 시절부터 북한 문제에는 전통적인 민주당 지지자보다 보수적이었으나, 비정규직 등 경제 이슈에 대해서는 진보 성향이 강했으며, 복지에 관해선 양대 정당의 노선보다도 전향적인 인식을 가졌다. 또 민주화의 성취를 높게 평가했던 세대였다. 그것은 진보 논객이 전성기를 구가한 시기라는 점과도 맞물리는 현상이었다.

진보 논객의 전성기

"문득 '논객'들이 떠올랐다. 내가 세상과 만나고 세상을 이해할 수 있게 해주었던 그들, 이른바 사회과학이 담론의 시장에서 썰물처럼 빠져나간 후, 21세기의 변화한 환경 속에서 판단의 기준을 제공했던 바로 그들 말이다."[5]

— 노정태, 『논객 시대』

마음속에는 진보 논객이 있었다

프랑스 철학자 베르나르 앙리 레비Bernard Henri Lévy가 스물 아홉 살에 쓴 책이 『인간의 얼굴을 한 야만』이다. 좌·우파를 막론하고 자유를 억압하는 모든 전체주의를 저격해 프랑스에서 격렬한 논쟁을 일으켰다. 이후 그는 '신철학의 기수'라는 별명을 얻었다.

이 책의 저자 서문에는 "나는 곧 서른 살이 된다"는 제목이 붙어 있다. 그 뒤 블로그를 만들면서 문패를 '레비처럼'이라고 달았다. 국내 논객 중에는 강준만을 좋아했는데, '강준만처럼'

보다는 '레비처럼'이 더 '팬시'해 보였다.

나도 논객이 되겠노라고 생각했다. 그러려면 '레비처럼' 서른 전에 책을 써야 하는 줄 알았다. 그래서 대학 졸업반 때 책을 썼다. 대자보를 쓰며 단련된 글쓰기가 도움이 되었다. 지금 읽어보면 조악한 논리와 설익은 문장 탓에 얼굴이 화끈거린다. 그래도 나름에는 정의나 인권, 소수자에 대해 이야기하고 싶었다.

나는 내공을 키우려고 '강준만처럼' 대학원에 갔다. 석사학위 논문도 논객, 구체적으로는 강준만에 대해 썼다. 몇몇 잡지에서 원고를 써달라는 청탁도 들어왔다. 곧 논객이 될 수 있을 것 같았다. 그러나 인생은 설계도와 딴판으로 흘러갔다. 내가 이름만 들으면 알 만한 논객이 되는 일은 일어나지 않았다. 논객으로 먹고살 재능은 아니라는 걸 인정하는 데 꽤 오랜 시간이 걸렸다.

주위에서 글깨나 읽은 또래 중에는 나와 비슷한 꿈을 꾼 사람이 적지 않았다. 대학 1년 후배 Y는 "형, 진중권처럼 글만 써서 먹고살려면 무엇부터 해야 해요?"라고 아주 진지하게 물은 적이 있다. 자신은 진보라 하지 말고 좌파로 불러달라던 견결

한 선배는 김규항을 참 좋아했다. 외로운 인텔리겐치아처럼 보이던 선배 O는 캠퍼스에서 패션처럼 박노자의 책을 들고 다녔다. 『딴지일보』 총수로 B급 감성을 설파하던 김어준이 좋다고 말한 후배도 있었다.

얼마 전, 민주당 의원의 비서관을 한 경력이 있는 1988년생 D와 점심을 했다. 그의 손에 유시민의 책이 들려 있는 걸 보았다. 그가 말했다. "'조국 사태' 때는 정말 마음에 안 들었지만, 어쨌든 저는 대학 때부터 유시민의 책을 좋아했거든요. 정치 활동과 책은 별개라고 봐요." 내심으로는 전혀 동의하지 않았으나, 취향이란 게 쉽게 변하지는 않으니 그렇게 말할 수도 있겠다 싶었다. 그 시절 우리 세대에는 모두 각자의 진보 논객이 마음속에 자리하고 있었으니까.

학과 학생회장이던 2007년, 홍세화를 강사로 섭외한 적이 있다. 아무래도 홍세화는 우리보다 조금 윗세대에서 인기를 끌던 논객이라 20명만 와도 성공이겠다고 생각했다. 그런데 웬걸. 실제로는 100명 가까이 몰려 일부는 아예 서서 특강을 들었다. 2008년 우석훈을 초청해 특강을 열자 50명 안팎의 참석자가 모여 성황을 이루었다. 같은 해에는 다른 단체 초청으로 진중권이 특강을 위해 학교에 왔고, 대학생들이 그에게서 사인을 받으려 줄을 서는 진풍경이 연출되었다. 그런 시절이 었다. 시사에 관해 글 쓰는 사람들이 대학생 사이에서 추앙받던 시절. 그들을 섭외한 학생회는 일 잘한다고 인정받던 시절.

사상의 자유시장이 열리다

토론이 있던 시절이었다. NL의 방향이 옳다고 소리 높이던 선배와 박노자의 책에 대해 논쟁했다. 그 당시의 박노자는 NL을 '좌파적 민족주의자'라고 지칭하면서 구태의연하다고 비판하기도 했다. 지금 돌아보면 대학생들이 무엇을 그리 깊게 알았을까 싶지만, 그래도 그런 대화가 가능했던 시절이었다.

운동권 언저리에 있던 대학생들만 보인 모습이 아니었다. 그런 시류와 동떨어진 대학생들 사이에서도 진보 논객들이 쓴 책을 한 번쯤은 읽어봐야겠다는 인식이 존재했다. 건축을 전공한 07학번 유희재(1987년생)가 말했다.

"저는 총학생회가 주도했던 운동권 활동에 상당히 냉소적이었어요. 인문사회학과 독서 동아리에서 마르크스와 진보 논객의 책을 주요하게 다룬다는 것은 인지하고 있었지만, 바로 주변에서 그런 활동을 권장하는 분위기도 아니었고, 저 또한 참여하고 싶을 만큼의 관심은 없었거든요. 그런데 인터넷에서 진보 논객들의 글이 언급된 걸 자주 접했기 때문에 내심 '그래도 읽어보기는 해야 하지 않나' 했던 것 같습니다."

1980~1990년대 대학가에도 백낙청, 리영희, 최장집 등이 인기를 끌었다. 『해방전후사의 인식』(송건호 외)은 학습용 교본처럼 읽혔다. 그러나 이것은 시장 논리와는 별개의 영토에 있었다. 1980년대는 어떤 의미에서 분명 '사회과학의 전성시대'였지만, 이는 대학 내 운동권과 민주화 운동을 지지하는 비판적 대중을 수요로 삼았다. 유인물이나 복사본 등의 형태로 은밀히 유통되던 책들이었다. 그러니 인문사회 출판사를 창업하는 행위 자체가 하나의 운동이었다. 거기에는 거대 서사가 있었다.

지식인 67명에게 '한국 사회에 가장 큰 영향을 준 국내 저술'을 물었을 때 23명이 『해방전후사의 인식』을 꼽았는데, 대부분 응답자들은 "대학 시절 이념 서클의 의식화 교재로서 한

국 현대사에 대한 인식을 새롭게 했다"는 이유를 들었다. 15명
이 꼽은 『전환시대의 논리』(리영희)가 2위, 10명이 꼽은 『태백산
맥』(조정래)이 3위였다.[6] 이때의 논객들은 이념 서클의 골방 속
에서 끈질기게 살아남아 훗날 사상의 자유시장에서 독자적인
위치를 획득했다.

2000년대는 그 사상의 자유시장이 완연히 열린 시기였다.
학생회나 운동권에 별반 관심이 없던 대학생들에게도 진보 논
객들의 담론이 간접적으로나마 영향을 끼쳤다. 더구나 은밀할
필요는 없었다. 오히려 대중 도서로 인기를 끌었다. 일반적인
독서 취향의 영역에서 제자리를 확보했다.

진학률이 높아진 만큼 대학생이 무슨 특별한 계층이라는
의식도 거의 없었던 때다. 그러니 진보 논객의 담론은 누군
가를 계몽하기 위해서가 아니라, 일종의 지적 교양으로 소비
되었다. 그리고 당시 대학가에는 진보 논객이 소구될 만한
물적 조건, 그러니까 시장이 구비되어 있었다. 나는 이것이
1990~2000년대 사이에 진행된 미디어 문화의 구조 변동과
떼어놓을 수 없는 현상이라고 생각한다.

1988년 5월 15일 '독립 언론'을 지향한 『한겨레신문』이 창간

되었다. 36면에 50만 부가 발행된 창간호는 금세 매진되었다. 문화연구자 이상길은 『한겨레신문』의 창간으로 진보적 고학력 중간계급과 일부 노동자층이 대안적 언로言路를 얻게 되었다고 말했다. 속칭 '재야'와 '운동권'의 언어, 현실 규정 방식이 공식적인 의견 시장에 도입되었다는 것이다.[7]

1990년대 후반 또 하나의 흥미로운 사건은 『경향신문』의 변화였다. 1946년에 창간된 『경향신문』은 1974년엔 정수장학회로 경영권이 넘어가면서 MBC와 통합되었다. 1981년 제5공화국 정권의 언론기본법에 따라 MBC에서 분리된 뒤 10년간 사단법인으로 운영되었다. 그러다 1990년 8월 한화그룹에 인수되었다. 1998년 한화에서 독립해 국내 첫 사원주주 언론사로 자리매김한다.[8] 그 뒤부터 『한겨레신문』과 『경향신문』은 한 묶음으로 진보 언론이라고 불렸다(『한겨레신문』은 2006년 1월 1일 제호를 『한겨레』로 변경했다).

진보 담론 시장의 활성화

1990년대 중반부터 정부의 출판 정책이 '규제'에서 '진흥'으로 바뀌면서 인문사회과학 도서만을 전문적으로 취급하는 출판사들이 등장했다. 86세대 운동권 출신들이 대거 출판계에서 자리를 찾은 결과이기도 했다. 2002년 노무현 새천년민주당 후보가 제16대 대통령에 당선된 이튿날, 『매일경제』에는 "출판계도 노무현 당선 숨은 공신"이라는 제목으로 이런 기사가 보도되었다.

"국민경선 직전 출간된 『노무현과 국민사기극』(인물과사상사)은 베스트셀러에 오르면서 노 당선자에 대한 지식층의 관심을 끌어모은 책이다. 진보 논객 강준만 씨가 쓴 이 책은 한국 국민들이 그릇된 지역감정에 휩싸여 '말 따로 행동 따로'식의 사기극을 벌여왔다며 이에 맞서 외로운 투쟁을 벌이는 노무현을 조명했다. 지역감정이라는 국민사기극을 이제 그만하자는 논지를 담았다.……이처럼 출판계에서 노무현 당선자와 관련된 책이 많이 나오는 이유는 출판계의 진보 성향을 반

영한 것이라는 분석이다. 현재 단행본 출판업계를 이끌고 있
는 30~40대 출판사 사장들 중 상당수가 이른바 운동권 출신
이다. 80년대 이런저런 연유로 공채 시기를 놓친 386세대들이
대거 출판계로 유입됐고 세월이 지나 경영자가 된 것."[9]

뉴미디어가 잉태한 시절이었다. PC통신, 천리안, 하이텔 따
위의 단어가 입에 오르내리던 때였다. 그러면서 '땡전 방송'
이 사라진 시절이기도 했다. 언론 민주화 투쟁 이후 시사·다
큐 프로그램이 증가하면서 MBC 〈PD수첩〉이라거나 KBS 〈추
적 60분〉 같은 PD 저널리즘도 본격화했다. YTN 등 보도전문
채널이 생기면서 '정치평론가'라는 새로운 직업 분파가 출현했
다. 전문가와 대중을 매개하는 통로가 계속 늘어난 그런 시대
였다.[10]

그렇다. 1990년대 후반부터 한국 사회에는 담론 시장의 다
양성이 커질 만한 물적 조건이 구비되어 있었다. 출판계를 이
끌던 경영진이나 편집자뿐만 아니라, 저자층에도 86세대가 똬
리를 틀었다. 진보 논객의 전성시대를 이끈 사람들의 면면만
봐도 그렇지 않은가? 강준만(1956년생), 홍세화(1947년생), 박노
자(1973년생)를 제외하면 모두 86세대에 속했다. 진중권(1963년

생), 김규항(1962년생), 우석훈(1968년생), 김어준(1968년생). 그리고 1959년생이지만 사실상 86세대의 정서를 대변한 유시민. 그것을 소비한 집단은 위로는 1990년대 후반 학번에서부터 아래로는 2000년대 중후반 학번이었다.

고교 시절, 마흔 안팎이던, 그러니까 86세대에 속하는 젊은 선생님이 논술을 준비하려면 『한겨레』를 읽어보라고 권했다. 그리고 기회가 닿는다면 『한겨레』에 칼럼을 쓰는 지식인들의 이름을 기억해두라고 했다. 그렇게 나는 『한겨레』를 읽으면서 강준만이나 진중권 등의 이름을 접했다. 이후 도서관에 가서 『김대중 죽이기』(강준만), 『노무현과 국민사기극』(강준만), 『미학 오디세이』(진중권), 『나는 빠리의 택시운전사』(홍세화), 『당신들의 대한민국』(박노자) 같은 책을 빌려 읽었다. 지금 생각해보면 까까머리 고등학생이 무엇을 그렇게까지 진지했나 싶다.

대학에 들어가자 나 같은 선배나 동기를 여럿 만났다. 내가 인문대학에 속했기 때문일 수도 있다. 나처럼 선생님의 권유로 『한겨레』나 『경향신문』을 처음 읽었다는 친구들이 적지 않았다. 그들 대부분 진보 논객의 책 두세 권씩은 읊을 줄 알았다. 누구는 인터넷 게시판에 서평을 쓰기도 했고, 남의 서평에

댓글을 달기도 했다. 어쨌든 같은 경험을 한 일군의 무리가 있다는 건 제법 설레는 일이었다.

독서라는 혁명

고등학교 3학년 때와 대학 신입생 때 어른들이 꿈을 물으면 늘 "세상을 읽을 수 있는 사람이 되는 것"이라고 답했다. 그래서 역사학을 전공하게 되었다고도 말했다. 내가 얼마나 치기 어린 꼬맹이로 보였을까 싶어 떠올리기도 민망한 기억이다. 그런데 그때의 나는 그럴 수 있는 나이였다. 경제적 이득과 상관없이 단순히 앎에 대한 의지로 충만한 그런 시절 말이다. 지적 허영심과는 상관없는, 그냥 세상과 접속하고 싶다는 욕구가 가득한 시기였다. 어떻게 접속하고 무엇으로 내 깊이를 채울 수 있을지를 늘 생각했다.

그러니 사회의 풍파에 때가 묻기 전에만 읽을 수 있는 책들이 있다. 한 번 시기를 놓치면 영원히 읽을 기회가 없는 그런 저자와 책 말이다. 86세대의 20대에도 그런 책이 있었을 테고,

X세대의 20대에도 그런 책이 있었을 것이다. Z세대에게는 그런 책이 무엇인지는 잘 모르겠다. 다만 우리 세대에는 진보 논객을 고리로 묶인 독서 공동체가 있었다. 그것은 '운동'이라기보다는 '교양'이었다.

사사키 아타루佐佐木中는 책을 읽는 것이 혁명이라고 했다. 책을 읽고 텍스트를 읽는다는 것은 무의식을 쥐어뜯는 일이다. '종교개혁'을 촉발한 마르틴 루터Martin Luther는 성서를 읽고, 번역하고, 수없이 많은 책을 썼다. 그가 '제국의 언어'인 라틴어가 아니라 독일어로 성서를 번역하자 사람들은 바보 같은 짓이라고 했다. 식자율이 5퍼센트에 불과했기 때문이다. 그런데 글을 읽을 수 없는 사람도 루터의 책을 샀다. 책을 사서 읽을 수 있는 사람에게 읽어달라고 하면서 '집단 독서'가 시작된 것이다. 그리하여 사사키 아타루는 말한다.

"텍스트를, 책을, 읽고, 다시 읽고, 쓰고, 다시 쓰고, 그리고 어쩌면 말하고, 노래하고, 춤추는 것. 이것이 혁명의 근원이라고 한다면 어떻게 될까요?"[11]

혁명이라고까지 할 일은 아니나, 진보 논객의 텍스트는 삶의 단계마다 부지불식간에 끼어들고 지적인 아카이브로 축적

되었다. 우리는 그렇게 자랐다. 그 시절의 독서 경험은 우리 세대의 넋에 짙은 자국을 남겼다. 그것이 알게 모르게 오늘의 사고에 영향을 미치는 것 같다. 나는 지금도 내 세계관 어딘가에서 그들의 그림자를 발견한다.

노무현은 우리에게
무엇이었는가?

"노무현 시대를 돌이켜보면서 노 정권만이
아니라 진보파에도 많은 문제점이 존재함을
확인했다. 대표적으로 대중의 삶과 정서에 대
한 이해 부족, 시장의 의의와 한계에 대한 인
식 미흡, 목표를 실현하기 위한 전략전술의
결핍을 들 수 있다."[12]

— 김기원, 『한국의 진보를 비판한다』

노무현 바람

그날은 토요일이었다. 2009년 5월 23일. S고시원에 살던 나는 별안간 전화를 걸어온 친구를 통해 비보를 접했다. "지금 빨리 텔레비전 틀어봐. 큰일 났어." 노무현 전 대통령이 스스로 목숨을 끊은 날이었다. 소식을 들은 대부분의 사람이 그러했겠지만, 하루 종일 멍한 상태로 우두커니 텔레비전을 보았다. 저녁이 되자 허름한 파전집에서 예정에 없던 막걸리를 마셨다. 1982년생에서 1988년생까지 5~6명이 먹먹한 얼굴로 모인 자리였다.

몇 잔이 돌고 나서 1982년생 선배가 먼저 이야기를 꺼냈다. 선배는 대통령으로서 노무현은 지지하지 않는다고 했다. 하지만 5년 전 노 대통령 탄핵 반대 집회에 참석한 적이 있다고 했다. 2004년 3월 12일 한나라당(현재 국민의힘) 주도로 국회에서 '노 대통령은 국가원수라는 본분을 망각하고 특정 정당을 위한 불법 선거운동을 계속 해왔다'는 등의 이유로 노 대통령 탄핵 소추안이 통과되었다. 그러자 10만 명 넘는 사람이 광화문 광장에 모여 탄핵 반대 촛불집회를 열었는데, 선배가 그 자리에 있었다는 것이다.

　그 말을 듣고 나서 흠칫 놀랐다. 정치 이야기를 한 적이 없는 선배인데, 그런 과거가 있었나? "2002년 월드컵 이후 길거리에 나간 건 그때가 처음이었거든." 선배가 담담히 말했다. 그렇게 우리는 몇 시간 동안 만나본 적조차 없는 망자에 대한 추억담을 안주 삼아 술을 마셨다.

　내가 노무현이라는 이름을 처음 접한 건 2001년 강준만의 『노무현과 국민사기극』에서였다. 그해는 내가 고등학교에 입학했던 해다. 고등학생치고 시사에 유독 관심이 많던 나는 교과서 대신 신문과 사회과학 책에 탐닉했다. 당장의 내신 관리에는 별반 도움이 되시 않았다. 그 탓에 학교 성적은 하위권을 맴돌았다. 그 초라한 내신성적이 대학에 갈 때 발목을 잡았다. 결국 재수를 했다. 그래도 훗날 밥벌이의 원천을 만든 시기였으니 거기에 만족할 일이다.

2002년 새천년민주당 국민경선이 시작되자 노무현 바람이 불었다. 꼴찌가 대세론을 꺾은 그의 성공담은 드라마틱했다. 내 '조숙한' 독서 취향을 알던 친구들이 하나둘씩 와서 "노무현이 누구야?"라고 물었다. 나는 준비해둔 레퍼토리마냥 "원래는 인권변호사였는데, 3당 합당 때 YS(김영삼)를 따라가지 않았고……"라며 장광설을 늘어놓았다. 훗날 총학생회장 선거 때 연설에 별 어려움을 겪지 않았던 까닭은 이 시절 논리적으로 말하는 연습을 했기 때문이 아닐까 싶다.

그해 말, 그러니까 대선이 있던 날. 야간자율학습을 하던 나는 친구를 꼬드겨 땡땡이를 치고 개표 방송을 보기 위해 학교 인근 순댓국집으로 향했다. 그곳에서 우리는, 아마 두어 시간 정도로 기억하는데 월드컵 거리 응원을 하듯 노무현을 응원했다. 주인장은 짐짓 무관심한 척했지만 내심은 우리를 신기한 표정으로 바라보았다. 어쨌든 노무현은 당선되었고, 우리는 투표권도 없던 주제에 그 승리에 작은 역할이라도 했다는 듯한 묘한 기분에 취했다.

다시 2009년 5월 23일 파전집. 그런 나의 경험담을 술술 풀어놓았더니 금세 "야, 너도?" 같은 분위기가 흘렀다. 1988년생이라 2002년 대선 당시 겨우 중학교 2학년이던 후배도 "저도 밤새 응원했어요"라고 말했다. 2002년 대선 때 유일하게 투표권이 있던 1982년생 선배는 "그때 우리 또래 중에 노무현 안 뽑은 사람이 누가 있었겠냐?"며 뭐 그리 당연한 말을 하냐는 투였다. 우리 중 그 누구도 노사모는 아니었지만 각자의 노무현을 갖고 있었다.

5월 29일 금요일에 서울광장에서 영결식이 열린다고 했다. 그날 오전 학과 수업이 예정되어 있었다. 담당 교수는 노무현에 대한 언급은 하지 않은 채 "결석해도 결석 처리하지 않겠다"는 말로 완곡하게 영결식에 참석해도 좋다는 신호를 보냈다. 당일 아침 일찍, 후배 둘과 함께 서울광장에 갔다. 수만 명이 운집한 그곳에서, 같은 학교에 다니던 또래들을 적잖게 만났다. 광장에서 그들은 너나없이 굵은 눈물을 뚝뚝 흘렸다. 망자 개인에 대한 애도의 감정이기도 했고, 우리 세대가 공유한 어떤 상징이 사라졌다는 비애이기도 했다.

각자도생해야 했던 진보 정권 시대

돌아보면 아이러니한 일이었다. 재임 중의 노무현은 정말 인기가 없는 대통령이었다. 한국갤럽 여론조사를 기준으로 2003년 3월 60퍼센트이던 노무현의 지지율은 그해 말 22퍼센트, 2004년 말 27퍼센트, 2005년 말 23퍼센트를 거쳐 2006년 말에는 12퍼센트까지 떨어져 바닥을 찍었다.

역대 대통령 중에서 노무현의 12퍼센트보다 낮은 지지율을 기록한 인물은 탄핵 직전 4퍼센트를 기록한 박근혜뿐이다. 노무현의 퇴임 당시 지지율은 27퍼센트에 그쳤다. 유치원생 사이에도 "이게 다 노무현 탓"이라는 농담이 돌았다. 이를테면 '노무현 뒷담화'가 국민 스포츠였다. 가히 환멸에 가까운 감정이었다.

우리에게도 참으로 고달팠던 시절이다. 등록금 1,000만 원 시대라는 단어가 처음 등장한 때였고, 등록금 인상률이 물가

상승률을 압도하던 때였다. 진보 시민단체에서조차 "학자금 대출 금리가 미쳤다"는 논평을 내던 때이기도 했다. 매 학기마다 등록금 낼 돈이 없어 휴학한다는 친구들이 쏟아졌다. 운동권이건 비운동권이건 총학생회장 선거에서는 등록금 인상 반대를 구호로 내걸어야 했다.

임기 초 5대 '차별 해소 과제'의 하나로 '학벌주의 극복 종합대책'을 내놓았으나, 가구당 사교육비가 33퍼센트나 늘게 만든 정부였다. 상·하위 소득 가구의 사교육비 지출 규모도 6배 차이가 나게 만들어 교육 양극화를 심화시킨 정부였다.[13] 불평등이 심화하고 각자도생해야 했던 역설의 진보 정권 시대였다.

또 한편 비정규직 공화국의 출발점이었다. 정규직과 비정규직 사이의 분절된 시장, 학자들이 흔히 하는 말로 '노동시장 이중구조'의 토양을 다진 건 바로 노무현 정부였다. 그들은 비정규직을 보호한다면서 비정규직을 양산한 당사자였다. 1980년대생이 취업 전선에 뛰어들었던 2004~2016년 사이, 전체 임금노동자 중 비정규직의 비율은 박근혜 정부 때인 2014년 32.4퍼센트로 가장 낮았고, 노무현 정부 때인 2004년 37.0퍼센트로 가장 높았다.

신자유주의라는 단어가 삶의 복판으로 가시처럼 틈입한 시절이었다. 약탈적 금융이라는 수상쩍은 단어가 공론장의 한편에서 출몰을 거듭하는 때였다. 자다 일어나면 부동산값이 폭등했다는 뉴스가 보도되던 시기였다. 사회생활의 첫발을 잘못 떼면 금세 나락으로 떨어질 것 같은 불안에 휩싸인 시대였다. 지금 와서 노무현 시대가 태평성대였다고 이야기하는 사람을 만나면 나는 어이가 없어서 웃고 만다.

갖은 논란으로 점철된 시절이었다. 진보 성향이 강한 대학생들은 이라크 파병에 반대하면서 "야만적인 전쟁을 멈추라"고 소리쳤다. "파병 하나만으로도 노무현을 반대한다"고 말하던 선배를 참 많이 만났다. 캠퍼스에서 한미자유무역협정 FTA 반대 세미나가 크고 작게 열리던 때였다. 그러니 노무현이 12퍼센트 지지를 받을 수밖에 없던 건 우연이 아니다. 아마도 노년층을 빼면, 나는 지금도 1980년대생이 노무현을 가장 단호하게 비판하던 세대였다고 생각한다. 윤석열에게서 그들이 가장 먼저 이탈했듯이 말이다.

그런 사람들조차 지금은 노무현을 그리워하고 애잔하게 기억한다. 20대 무렵 노무현을 가장 많이 비판했던, 지금은

30대가 된 사람들이 노무현을 애틋하게 추억한다. 1984년생 박대근도 그 시절 '반反노무현'의 깃발 아래 살았다. "노무현 정부의 노동법 개정에 대해 데모도 했고 다른 정책에도 반대를 많이 했죠. 지지율도 낮았고 정치적으로 엄청나게 시끄러워서 실패한 대통령이라고 생각했어요."

그런 박대근에게 "우리 세대에는 노무현 개인에 대한 애증 같은 게 있는 것 같은데요"라는 말을 건네니 이런 답이 돌아왔다.

"영향을 많이 받았죠. 우리는 사실 이명박 정부 시절에 대해서도 큰 기억은 없지 않나요? 광우병 촛불시위 정도만 기억나지……. 우리 세대에 정치인 하면 가장 먼저 생각나는 사람은 분명 노무현이죠. 정치 풍자도 유행했고, 2004년 탄핵 집회에도 한 번씩은 참여하면서 정치 참여의 의미에 대해 고민해보았고. 우리는 종합적인 의미에서 노무현 세대라고 생각해요."

반권위주의의 레터르

우리는 감수성이 가장 예민했던 시기에 노무현을 겪었다.

따라서 정책이나 국정 운영에 대한 찬반을 떠나, 우리는 감정적·정서적으로 노무현 세대일 수밖에 없었다. 그는 우리 개개인에게 또렷이 아로새겨진, 지울 수 없는 지문指紋 같은 존재였다. 우리가 가진 세계관의 결절점結節點이었다.

나는 그것이 기성 질서에 대한 뾰족한 반발심에서 비롯한 감정이었다고 생각한다. 윗세대의 경험에 비할 바는 아니나 우리도 야만의 시대를 건너왔다. 교련복만 벗었을 뿐 국민체조를 해야 했고, '애국 조회'랍시고 월요일 아침마다 땡볕에 운동장에 부동자세로 서서 교장 선생님의 훈화를 들어야 했다. 떠들기라도 하면 '선도부 선배'가 와서 "너, 이리로 나와" 하며 끌고 가는 그런 시절이었다. 학생이 학생을 감시하고 학생이 학생을 처벌하는 폭력의 시대였다.

자율이라는 이름으로 학교에 반강제로 남아야 했고, 1분 지각했다는 이유로 방망이질을 당해야 했으며, 협동심을 키운다는 미명하에 온갖 단체 활동(이라기보다는 기합)에 짓눌렸던 세대였다. 여태 두발 단속을 하던 시절이었고, 모의고사마다 개개인의 전국 석차를 매긴 마지막 시대였다. 어른들은 1990년대가 되자 새 시대가 열렸다고 환호했는데, 10대였던 우리는 여전히 구시대의 끝을 통과하는 중이었다. 화양연화花樣年華와 같은 청소년기는 없었다.

그와 동시에 디지털의 세례가 우리를 기다리고 있었다. 우리는 10대 시절 PC통신의 끝물과 인터넷의 첫물을 교차해 경험한 세대였다. 1970년대생은 성인이 되어 디지털에 입문했고 1990년대생은 태어날 때부터 디지털 기기를 갖고 놀았다면, 우리는 그 중간 어딘가에 자리했다. 지금 기준으로는 거의 아날로그 수준인 온라인 게시판에서 또래와 소통하면서 권위적인 학교를 욕했다. 아이러브스쿨로 동문을 찾고 싸이월드로 1촌을 사귄 세대였다. 그때는 그 조악한 사이버공간이 마음에 위안을 주는 때였다.

그랬다. 우리는 스무 살이 되기 전 디지털이 선사하는 수평과 탈권위의 세례를 오롯이 획득한 세대였다. 바로 그즈음 등장한 노무현이야말로 우리에게는 반反권위주의의 레터르letter였다. 그것이 알게 모르게 현재 1980년대생이 민주당을 대하는 사고와 태도에 영향을 미치고 있다고 생각한다.

노무현 사후, 노무현의 과오와 상관없이 시종일관 그를 옹호하는 사람들이 있었다. 신화를 만들고 우상화의 길로 질주하는 사람들이 있었다. 누구도 원망 말라던 망자의 유언은 무시한 채 복수심을 선동하며 이것을 개혁이라고 포장하는 사람들이 있었다. 탈권위를 내건 노무현은 없었다는 듯 이견은 억누르고 단일대오만 강조하는 사람들이 있었다.

다른 한편에서는, 노무현을 응원했지만 노무현에 절망했고 노무현의 비극에서 한 시대의 종언을 목도한 사람들이 있었다. 그가 실패한 자리가 다음 세대의 출발선이라고 생각하는 사람들이 있었다. 그리하여 묻는다. 정말로 노무현을 애도하는 사람은 누구인가?

제**5**장

1980년대생의
변심이
말해주는 것

세대 동맹의 균열

"일국적 수준에서 선거 정치의 단기성은 그
것이 여론 변화에 반응할 수 있게 하는 능력
이라는 점에서 하나의 장점이기도 하다는 것
을 인식하는 것이 중요하다. 비록 대중은 정
치인들에게 자신들이 바라는 대로 지시할 수
는 없어도, 최소한 그 정치인의 행동이 싫으
면 그를 쫓아낼 수 있다."[1]

– 모니카 브리투 비에이라 · 데이비드 런시먼,
『대표: 역사, 논리, 정치』

정치는 '변심의 미학'

누가 맥주를 마시다 말고 물었다. "세상 사람을 딱 두 부류로 나눈다면?" 내가 간편히 답했다. "일편단심 하는 사람, 기회가 될 때 변심하는 사람." 나는 생래적으로 변심에 끌린다. 입사 2년차에 때 이른 슬럼프를 겪었다. 취재는 자주 장벽에 부딪혔고 마음이 산란하게 떠다녔다. 그러다 내 업業의 본질이 '변심 찾기'라는 점을 깨달았을 때 비로소 흥미를 느끼기 시작했다. 변심한 사람만 골라 찾아다녀도 기자 업무의 8할은 완수할 수 있었다.

내부 고발의 밑바탕에도 실은 변심이 있다. 대부분 특종은 권력의 폐부를 꿰뚫고 있는 내부자의 변심에서 시작된다. 그들의 한마디가 오래 묵은 부정의 실체를 드러낸다. 그러니 이런 취재의 첫 번째 공식은 내부자의 응어리가 무엇인지 파악하는 것이다.

정치는 가히 '변심의 미학'이다. YS(김영삼)의 3당 합당을 거부한 뒤 '꼬마 민주당'에 남은 노무현이 DJ(김대중)와 손잡는 변심을 택하지 않았다면 참여정부는 없었을 것이다. 박근혜 전 대통령 탄핵은 김무성·유승민 등 여권 내 '변심 세력'이 없었으면 불가능했을 일이다. 어디 정치뿐이랴. 청년 김범수와 이해진이 '삼성맨' 노릇을 관두겠다고 변심하지 않았다면 카카오와 네이버는 존재하지 않았을 테니 말이다.

관성적인 유권자도 변심한다. 경북 구미는 박정희 전 대통령의 고향이다. 1995~2014년 사이 6번 치러진 구미시장 선거에서 보수정당 후보는 단 한 번도 패배한 적이 없다. 그중 5번의 선거에서 민주당 계열 정당은 아예 후보조차 내지 못했다. 그런 구미가 2018년 지방선거에서 민주당 후보를 시장으로 택했다.

『한겨레』는 선거 결과를 알리면서 "'박정희 고향' 구미의 혁명…민주당 장세용 당선"이라는 제목을 달았다. 그런 구미 유권자들은 2022년 지방선거에서 다시 국민의힘 후보에 득표율 70.29퍼센트를 몰아주었다. 선거 혁명이 한철 장사처럼 소멸했다.

흔히 한국을 '다이내믹 코리아'라고 부른다. 이 나라에서는 하루 사이에도 열망과 절망이 교차한다. 경이와 경탄, 경악이 별 이질감 없이 한데 뒤섞인다. 진영과 진영 사이에 줄다리기가 계속된다. 그 저변에 흐르는 행동 양식도 변심이다. 변심에는 권태가 없다. 그것은 돌출이다. BTS(방탄소년단)가 그간 해온 대로 계속 앨범을 내는 것은 소식이지만, 활동을 중단하는 것은 뉴스다.

그러므로 모든 변심은 매번의 사건이다. 나는, 아니 기자는 그 사건을 기록하기 위해 묻고 듣고 쓴다. 2022년 3월 10일 새벽에서야 윤곽이 잡힌 제20대 대선 결과를 보고 나서도 퍼뜩 이런 생각이 들었다. 대체 누가 변심했을까?

1980년대생이 변심한 이유

나는 그중에서도 1980년대생들이 궁금했다. 3가지 이유가 있다. 그 하나. 우선 내가 1986년에 태어났다. 또 하나. 주위에 유독 "이번에 처음으로 보수정당 후보를 찍었다"고 말하는 또래가 많았다. 과거에 1980년대생들은 보수를 찍었다고 한들 굳이 입 밖에 내지 않았다. 뭐랄까, 거창하게 이야기하자면 넘어선 안 될 레드라인 같은 것이었다고 할 수 있다. 마지막 하나. 실제로 2022년 대선 방송 3사 출구조사 결과를 세대별로 살피는 와중에 어떤 변심을 감지했다(중앙선거관리위원회는 각 선거에서 세대별 득표율을 따로 집계하지 않는다. 따라서 KBS·MBC·SBS 방송 3사와 JTBC 등이 진행하는 출구조사가 세대별 득표율을 살필 수 있는 객관적인 자료 중 하나로 꼽힌다).

KBS·MBC·SBS 방송 3사가 발표한 제20대 대선 출구조사를 보면, 30대에서 이재명 민주당 후보 지지율은 46.3퍼센트였다. 대통령에 당선된 윤석열 국민의힘 후보는 48.1퍼센트를 얻어 이재명 후보를 소폭 앞섰다. 이것은 분명 돌출이다. 20대

(이재명 47.8퍼센트, 윤석열 45.5퍼센트), 40대(이재명 60.5퍼센트, 윤석열 35.4퍼센트), 50대(이재명 52.4퍼센트, 윤석열 43.9퍼센트)에서는 이재명 후보가 윤석열 후보를 이겼기 때문이다. 30대가 60대(이재명 32.8퍼센트, 윤석열 64.8퍼센트)와 70대 이상(이재명 28.5퍼센트, 윤석열 69.9퍼센트)과 같은 고리로 묶인 기묘한 그림이다. 나의 눈에는 기존의 범주를 벗어나는 현상으로 보였다.

30대 여성에서 이재명 후보(49.7퍼센트), 윤석열 후보(43.8퍼센트)로 결과가 뒤집히긴 했다. 그러나 30대 남성에서 이재명 후보(42.6퍼센트), 윤석열 후보(52.8퍼센트) 간 격차가 커서 30대 전체에서는 결국 윤석열 후보가 이겼다. 윤석열 후보가 30대 여성에서 얻은 43.8퍼센트도 그가 20대 여성(33.8퍼센트)과 40대 여성(35.6퍼센트)에서 받은 지지보다 또렷하게 높았다. 이 같은 수치가 의미하는 바는 분명하다. 2022년 대선에서 30대의 절반 가까이는 투표를 통해 민주당에 반감 혹은 실망감을 드러냈다.

역사는 우리네 삶에서 요긴한 '백미러'다. 나는 10년 전 치러진 제18대 대선에 주목했다. 제20대 대선과 구도가 붕어빵처럼 닮았기 때문이다. 제18대 대선과 제20대 대선은 득표력 있는 제3의 후보 없이 민주당 계열 정당과 국민의힘 계열 정당 사이의 '양강 대결'로 치러졌다.

박근혜 탄핵 사태 이후 치러진 제19대 대선에서는 문재인 민주당 후보가 대권에 재도전했고 보수는 홍준표 자유한국당 후보와 유승민 바른정당 후보로 분열되었다. 여기에 중도를 표방한 안철수 국민의당 후보까지 출마하면서 다자 구도가 짜였다. 그 이전의 양강 구도를 찾으려면 제16대 대선(2002년)까지 거슬러 올라가야 한다. 그때는 1980년대생 대부분에게 투표권이 없었다.

2012년 KBS·MBC·SBS 방송 3사가 발표한 제18대 대선 출구조사에서 당시 20대(지금의 30대)의 65.8퍼센트는 문재인 민주통합당 후보를 지지했다. 박근혜 새누리당 후보는 20대에서 33.7퍼센트를 얻는 데 그쳤다. 그 격차가 2배에 육박했다. 성별로 봐도 20대 남성의 62.2퍼센트, 20대 여성의 69.0퍼센트 등 압도적 다수가 문재인 후보를 지지했다. 이때는 돌출이 없었다. 예상했던 패턴이 확인되었을 뿐이다. 문재인 후보는 당시 30대와 40대(지금의 40~50대)에서도 각각 66.5퍼센트와 55.6퍼센트를 얻어 박근혜 후보를 넉넉한 격차로 이겼으니 말이다.

이것은 당시로서는 하나도 놀랍지 않은 결과였다. 오히려 박정희 전 대통령의 딸인 박근혜 후보가 20대에서 '33.7퍼센트나' 얻은 것이 뉴스라고 한 정치 분석가가 더 많았다. 그전까지 진보 진영은 2010년 지방선거, 2011년 10·26 서울시장 보궐선거에서 20~40대(1960~1980년대생)의 단합된 지지 덕에 연달아 승리한 참이었다.

자연히 당시 민주당의 핵심 선거 전략은 '2040세대 동맹'이었다. 2011년 서울시장 보궐선거에서는 그런 경향이 유독 도드라졌다. 시민사회에서는 '셀럽'이었지만 대중적으로는 무명이던 박원순 무소속 후보가 20대 69.3퍼센트, 30대 75.8퍼센트, 40대 66.8퍼센트 등 놀라운 득표력을 보였기 때문이다.

1980년대생이 보수화된 것인가?

이즈음 민주당 출신의 전략가 유창오가 『진보 세대가 지배한다: 2040세대의 한국 사회 주류 선언』이라는 책을 냈다. 그는 이 책에서 "이명박 정부를 거치면서 20~40대 진보 블록과 50·60대 보수 블록이 양립되는 양상으로 세대 구도가 변한 것"이라고 주장했다.[2] 당시만 해도 그의 말은 과장이 아니었다.

유창오는 이 주장의 근거로 다양한 통계를 소개하는데, 거칠게 단순화하면 이런 이야기다. 40대(1960년대생)는 1980년대 민주화 운동을 겪으며 본래 민주적 성향이 강하고, 20~30대는 IMF 외환위기 이후 본격화된 신자유주의 양극화를 겪으면서 진보 성향을 갖게 되었다는 것이다.

유창오의 진단이 아예 틀렸다고 보기는 어렵다. 다만 1980년대생이 겪은 삶의 다양한 단면을 너무 납작하게 해석했다는 점이 아쉽다. 어쨌든 1980년대생을 86세대(1960년대생)나 X세대(1970년대생)와 한 뭉텅이의 정치 집단으로 규정한 건 이 책이 처음이었다.

지금 이 책을 다시 읽어보면 당파성이 강해 정치 팸플릿처럼 느껴질 정도다. 외피는 분석이되 속살은 진보파의 희망사항이다. 그런데도 이 책은 진보와 보수를 막론하고 한동안 토론거리가 되었다. 실제 2010년대 전국 단위 선거(대선·총선·지방선거)에서 '2040세대 동맹' 공식이 반복되었기 때문이다.

다자 구도였던 제19대 대선에서도 KBS·MBC·SBS 방송 3사 출구조사 기준으로 문재인 민주당 후보는 20대 47.6퍼센트, 30대 56.9퍼센트, 40대 52.4퍼센트의 지지를 받았다. 출구조사 시점(2017년)상 1978~1987년생이 분포한 30대에서 문재인 후보가 돋보이는 지지세를 기록한 게 특히 눈에 띈다.

바로 이 '2040세대 동맹', 아니 현재 시점으로는 '3050세대 동맹'에 틈이 생기고 균열이 일어났다. 제20대 대선 방송 3사 출구조사 시점(2022년)을 기준으로 30대는 1983~1992년생에 해당한다. 편의상 범1980년대생이라고 칭하자. 2012년 대선 때와 비교해 국민의힘 계열 정당 후보는 범1980년대생에서 14.4퍼센트포인트를 더 얻었다. 민주당 계열 정당 후보는 같은 세대에서 19.5퍼센트포인트를 까먹었다.

범1960년대생(1963~1972년생)과 범1970년대생(1973~1982년생)에서는 눈에 띄는 변화가 나타나지 않았다. 40대 이상 민주당 지지층에서는 잔류 성향이 강했다. 30대에서만 또렷한 이탈 성향이 엿보였다. 전 세대를 통틀어 30대의 변화 폭이 가장 컸다. 2022년 대선의 최종 성패는 0.73퍼센트포인트(48.56퍼센트와 47.83퍼센트) 차로 갈렸다. 조금 과장해서 30대의 변심 때문에 이재명 후보가 간발의 차로 대통령이 되는 데 실패했다고 말할 수 있다. 20대(1993~2002년생)는 10년 전에 투표권이 없어 동일선상에서 비교하기 어렵다.

그러니 이 변심은 뉴스이자 사건이다. 2~3년 전이라면 누구도 예상 못했을 반전 드라마다. 선거는 고정 지지층(집토끼)을 지키고 부유하는 유권자(산토끼)를 설득해야 이길 수 있는 게임이다. 군소 정당 없이 양당 사이의 전면전으로 치러지는 선거 구도에서는 이것이 불변의 진리다.

2012년 20대(1980년대생)는 민주통합당의 강력한 집토끼였다. 10년 만에 이 중 약 20퍼센트가 울타리 밖으로 뛰쳐나갔다. 2000년대에 대학에 다니고 2010년대에 사회생활을 시작한 세대에서 탈脫민주당 양상이 나타났다. 1980년대생의 목표는 명확했다. 이들은 투표를 통해 집권세력에 분명하게 각을 세웠다.

자연히 이런 질문이 뒤따른다. 1980년대생이 급격히 보수화된 것인가? '신자유주의와 양극화를 겪으면서 진보 성향을 갖게 되었다'는 유창오의 해석대로라면 10년 사이에 이 세대만 양극화를 극복하기라도 한 건가? 그도 아니라면 20대 남성

(이대남)을 중심으로 불기 시작한 '반反문재인 여론'에 30대가 줏대도 없이 휩쓸려버렸는가? 또는 우리가 알지 못하는 이익 투표의 이유가 있었던가? 이제 변심의 이유를 차근차근 살펴볼 차례다.

어떤 섭외

"뉴스는 공적인 삶의 풍조를 조성하고 우리 각자의 테두리 너머에 있는 공동체에 대한 인상을 형성하는 가장 중요하면서도 유일한 힘이다. 뉴스는 정치적이고 사회적인 현실을 만드는 으뜸가는 창조자다."[3]

– 알랭 드 보통, 『뉴스의 시대』

기자에 대한 반감

"선배는 취재하면서 거절당할 때 어떻게 극복하세요? 원래 멘탈이 강해요?"

가끔 받는 질문이다. 내가 거절에 무던해 보였나 보다. 그러니 '너에게는 노하우가 있을 거야, 아니 있어야 해'라는 뉘앙스로 비칠 때가 많다. 글쎄, 슬쩍 허세를 부릴 수도 있겠지만 거절당하는 데 장사가 있을까? 나는 그냥 구조 탓을 한다. 나 아닌 누구여도 거절당할 상황이라고 해석해버린다. 그게 정신 건강에도 좋다.

잠시 앵글을 바꿔보자. 2019년 7월 초, 한 대형 노동조합이 서울 광화문 광장에서 주최한 집회를 찾았을 때의 일이다. 주최 측 추산 참여자가 5만 3,000여 명에 달할 만큼 규모가 큰 집회였다.

여느 취재 현장에서처럼 "기자인데, 한 말씀 여쭤도 될까요?"라고 열심히 말하고 다녔다(이럴 땐 조금 비굴해 보이도록 거북이 목을 하는 게 좋다). 대부분 "어느 매체냐?" 하고 되묻기에 두둑하게 준비해간 명함을 사정없이 뿌렸다. 곧이어 돌아오는 답은 "안 해요", "다른 사람과 이야기하세요", "실례해요", "할 말 없어요", "죄송해요"였다. 50대로 보이는 여성은 "못해요"라고 말하면서 미안했는지 한마디를 덧붙이고 발걸음을 옮겼다. "더운데 고생하시네요. 갈 데가 있어서."

근처에 있던 방송사 취재진은 더 어려운 처지였다. 취재원으로서는 카메라에 얼굴이 담기는 건 훨씬 더 큰 부담을 요하는 일이니까. 언뜻 봐도 열댓 명에게 거절당한 차였다. 왠지 짠하다는 느낌이 들었다. 우리는 서로 '당신도 애쓴다'는 의미가 담긴 눈인사를 주고받았다. 묵시적인 응원이랄까?

취재 현장에서 그다지 특별할 게 없는 일상이다. 기자 지망생들이 보기엔 안타깝고 화가 날 일이겠지만 이것이 현실이다. 앞으로도 변하지 않을 테고 말이다.

당시 이 일화를 르포 기사에 녹여냈다. 언론인이 현장에서 경험하는 냉대를 이야기하고 싶었던 것 같다. 그런데 그때 밝히지 않은 거절이 하나 더 있다. 이것까지 써버리면 나 자신이 너무 비루해질까봐 마음속으로만 삼켰던 그런 거절이다. 40대 중반 정도로 보이는 남성에게 건넨 명함이 갈가리 찢겨 허공에서 산산이 흩날리는 장관을 보았던 것이다. '말로만 듣던 낙화落花로구나.' 감상에 빠진 사이 '찢은 자'는 유유히 사라졌다.

불쾌했지만 이해는 갔다. 그 정도 수준의 분노가 즉흥적으로 만들어질 리 없다. 기자라는 직업군에 대한 누적된 분노일 가능성이 일단 높다. 성향에 안 맞는(혹은 '우리 편'이 아니라고 생각하는) 언론사를 겨냥했을 수도 있다. 켜켜이 누적된 분노가 우연히 나로 인해 터져 나왔을 뿐이다. 적어도 나는 아직도 그렇게 믿는다.

거절당하는 데는 이골이 났지만, 반감이 짙게 스며 있을 때는 지금도 퍽 당혹스럽다. 그때마다 나는 오롯이 구조주의자

가 된다. 이 반감 또는 분노가 나를 향해 있지 않다고 주문처
럼 되뇌는 것이다.

한국 언론의 '익명 남발'

전화를 걸었을 때 "안녕하세요, 고재석 기자입……"이라는
말만 듣고 끊어버린 변호사 L이 있었다. 나도 더는 연락하지
않았다. 증권사 고위 임원 출신 경제 분석가로 정평이 난 J는
전화를 안 받기에 문자를 남겼더니 딱 10글자 "미안하지만 사
양합니다"고 했다. 그나마 문자라도 받은 덕분에 "다음 기회
기약하겠습니다"고 답장할 여지는 있었다.

두 사람 모두 다른 매체 인터뷰에는 적잖게 응했다. 대체로
진보 성향이라 평가받는 곳들이었다. 이런 경우는(그럼에도 섭
외를 위해 노력해야겠으나) 내가 어찌할 수 없는 영역에 있다. 상
처받을 필요도, 불만을 가질 이유도 없다. 상대방이 자기만의
가이드라인을 설정해놓았다고 생각하면 될 일이다.

나도 사람인지라 기분은 나쁘다. 불쾌하기도 하고 창피하

기도 한 그런 기분을 떨치기가 힘들다. 언론계에는 "글만 안 쓰면 기자는 참 좋은 직업"이라는 농담이 있는데, 정확히는 "섭외만 안 하면 참 좋은 직업"이라 써야 한다.

타이밍 탓일 때도 있다. 소신파로 잘 알려진 전직 국회의원 G와 K는 서로 짠 듯 "죄송하지만 지금은 인터뷰를 안 하고 있습니다"고 했다. 정치인의 관점에서 보면 인터뷰는 최적의 타이밍과 뚜렷한 메시지를 적절히 융합해야 하는 이벤트다. G와 K에게 인터뷰를 제안하면서도 '이 사람들이 계속 정치할 생각이 있다면 지금은 안 나설 텐데'라는 생각을 했다.

현직 대통령과 가까운 Y는 칼럼을 쓰기로 했다가 이틀 뒤 전화가 와서 "곧 신분이 바뀔 수 있어 공개 발언을 삼가야 한다"며 뒤늦게 의사를 번복했다. 떨어지는 낙엽도 조심해야 한다는 것이다. 이런 상황에서 하는 거절은 서운할 이유가 없다. 한쪽이 아직 노를 저을 때가 아니라고 판단했을 뿐이니 말이다(K는 여전히 잠행 중이고, G는 여러 인터뷰에 등장하고 있으며, Y는 아마 곧 고위공직을 맡을 것 같다).

'변심한 1980년대생'을 찾아 나서기 전엔 별 걱정이 없었다. 이미 나는 셀 수 없는 거절로 단련된 터였다. 난이도 면에서도 취재원 섭외가 어려운 주제로 보이지 않았다. 오판이었다. 남녀 불문 1980년대생 20명 이상에게 의사를 타진했다. 그런데 단순히 '승낙 혹은 거절'로 결론 나는 일이 드물었다. 거절의 메커니즘이 복잡했다. 응하겠다는 이야기인지 싫다는 이야기인지 모호한 경우가 많았다. 누적된 분노나 반감의 문제도 아니고, 타이밍의 문제는 더더욱 아니었다. 내가 정한 조건이 너무 까다로웠기 때문이다. 일부 조건은 충족하는데, 다른 조건 앞에서 멈칫거리는 경우도 적지 않았다. 무엇보다도 소재가 정치였다!

섭외하는 과정을 순서로 정리하면 이렇다. ① 1980년대생이어야 했고 ② 투표한 정당 혹은 후보를 밝혀야 했으며 ③ 실명을 공개할 수 있어야 했다. ①은 2022년 대선을 기준으로 1991~1992년생도 30대에 해당하니 다소간 조정의 여지는 있었다. 여기서 ③만 포기해도 일이 훨씬 쉬워졌을 것이다. 하지만 이런 취재일수록 실명을 내놓을 수 있는 취재원 비중이 높아야 한다고 보았다.

나는 한국 언론의 나쁜 관행 중 하나가 '익명 남발'이라고 생각한다. 학계에도 이와 관련한 실증적 연구가 여러 건 축적되어 있다. 가령 송상근 이화여자대학교 초빙교수가 『조선일보』, 『동아일보』, 『한겨레』, 『경향신문』, KBS, JTBC의 저녁 메인뉴스 등 4,312건의 기사를 분석한 결과 '세월호 침몰' 보도에서 익명 취재원의 비중은 신문 43.8퍼센트, 방송 39.0퍼센트였다.[4] 최윤규 전북연구원 연구위원이 KBS, MBC, SBS의 저녁 메인뉴스에 나온 331건의 기사를 살핀 결과 '조국 사태' 관련 검찰 수사 보도에서 익명 취재원의 비중은 52.7퍼센트였다.[5]

익명을 불가피하게 써야 할 때도 있다. 신분이 노출되었을 때 피해를 입을 가능성이 있는 경우다. 문제는 그럴 상황이 아닌데도 습관적으로 '김 모', '이 모'가 쓰이고 심지어는 그냥 'A씨', 'B씨'로 통쳐버릴 때다. 관행에 탐닉하다 보면 결국 거기에 젖는다. 실은 나도 몇 년간 너무 젖어서 최근 들어 열심히 말리는 중이다.

실명을 드러내기를 꺼리는 취재원

조건에 맞는 사람을 찾는 과정은 고차방정식을 푸는 것보다 어려웠다. ① 실례되는 질문입니다만, 몇 살인가요?(호구조사로 받아들일 개연성이 커서 매우 조심스럽다) ② 2022년 대선에서 누구에게 투표했나요?(이 단계에서부터 당혹스런 혹은 불쾌한 표정을 짓는 사람이 태반이다) ③ 과거 대선 때는 누구에게 투표했나요?(누군가는 사상 검증으로 받아들이기 시작한다) ④ 지지 정당을 바꾸었다면 왜 그랬나요?(이 단계까지 넘어오는 사람 자체가 극히 드물다) ⑤ 혹시 나이와 이름을 기사에 모두 공개해도 될까요?(여기까지 인내한 상대는 '내 밥벌이를 망치려는 건가?' 하는 표정이 된다)

설사 투표 이력에 관해 물어보지 않는다 해도 문제는 남는다. 나는 1980년대생이 경험한 눈물겨운 '사다리 올라타기' 과정도 다루고 싶었다. 그러면 ① 어느 회사에 다니는지, 이름 밝히기가 저어하면 어느 업계에서 일하는지 ② 그 회사에 들어가기 위해 몇 군데나 원서를 넣었는지 물어야 했다. 같은 나이대 남녀간의 직업 경험이 다르다는 걸 알기 위해서는 차별의 경험에 대한 질문을 반드시 포함해야 했다.

슬슬 후회가 밀려왔다. 괜히 기사를 쓴다고 했나? 나의 취재에는 점점 난기류가 형성되고 있었다. 누군가는 자신이 변심한 당위성을 침 튀기며 설명한 뒤 '30대 직장인 김 모씨'로 표기해달라고 했다. 자신이 식별될 수 있어 남자인지 여자인지도 드러나면 안 된다나.

연이은 섭외 실패로 낙담하던 차에 문득 독서 모임이 떠올랐다. 2015년 3월 무렵 책에 관해 대화하고 싶어 대학 후배와 함께 꾸린 모임이었다. 초기에는 20대 중후반이 주축이었는데, 8년간 이어지면서 나를 포함해 멤버 대부분이 30대가 되었다. 이런 모임이 아니라면 쉽게 만나기 힘든 다양한 업계 직장인이 모였다는 점도 특징이다.

SNS에 일에 관한 글은 올리지 않는 게 나름의 철칙인데, 별수 없었다. 카카오톡에 개설된 독서 모임 단체 채팅방에 신생아가 있는 집에 노크하듯 극도로 조심스럽게 두 문장을 썼다. "취재차 모든 분께 여쭙니다. 혹시 2012년 대선에서 문재인 후보를 찍고 2022년 대선에서는 윤석열 후보를 찍은 1983~1992년생 분들이 계실지요."

1분도 안 돼 반응이 왔다. "오, 아는 분 중에 한 분 될 수도", "오오~ 재밌겠네요. 알아볼 게요." 고맙지만 알맹이는 없는 말이 이어졌다. 내가 쓴 두 문장부터 알맹이가 없었으니 당연한 일이었다.

더 구체적으로 '세일즈'를 해보기로 했다. "제가 범1980년 대생으로 구분한 1983~1992년생은 범1960년대생이나 범 1970년대생과 달리 민주당에서 매우 많이 이탈한 현상이 엿 보여서요. 여기에 해당하는 분들을 찾고 있는 중입니다. 주변 에 소개해줄 만한 분 있으면 연결 좀 부탁드려요. 다만 기사의 투명성 때문에 실명이면 좋습니다."

이번에는 고요했다. 바로 그때, 그전까지 독서 모임 단톡방 에서 거의 말이 없던 박대근이 글을 올렸다. "사람이 없다면 제가 도와드릴 수 있습니다. 나이도 맞고 조건도 맞습니다. 주 변 친구들도 그런 사람이 많아서 소스가 풍부합니다."

안도감이 밀려오긴 했는데, 의아했다. 박대근과 나는 안다 고도 혹은 모른다고도 할 수 없는 사이였다. 그는 2019년 가 을쯤 다른 멤버의 소개로 독서 모임에 합류했다. 몇 달 뒤 코 로나19가 터져 모임이 개점 휴업 상태가 되었으니 실제 얼굴 을 본 건 2~3번뿐이다. 서로 전화번호조차 몰랐다. 나이를 물 은 적도 없다. 책에 관해 대화하려 만난 사람끼리 미주알고주 알 호구조사를 할 이유는 없으니까. 그런데 왜?

'갠톡'을 했다. 의례적인 덕담을 나눈 뒤 본론으로 들어갔다. 일단 850자 정도로 정리해둔 기획 취지를 보냈다. 이어 "실명을 비롯해 신상이 어느 정도 드러나도 괜찮을까요?"라고 다시 한번 물었다. 그가 말했다. "네. 저는 사업해서 상관없어요. 하고 싶은 말이 많았는데 좋네요. 하하하." 우선 이메일로 질문지를 보내기로 했다.

조희연의 제자,
윤석열의 지지자

"민주주의는 항상 민감한 마음에서 시작해
'우리들'의 마음이 된다."[6]

— 황현산, 『우물에서 하늘 보기』

민주노동당에서 민주당으로

나흘 후, 답변이 왔다. 나이, 출생지, 학교, 직장 경력 등 자칫 무례해 보일 만한 신상 질문에도 그는 구체적으로 답했다. 그 덕분에 카카오톡, 전화 통화, 만남으로 자연스레 이어졌다. 이즈음 깨달았다. 이 사람은 지금 작심하고 말하고 있다. 자신의 이야기를 기꺼이 공적인 의제로 삼아도 좋다고 어필하고 있는 것이다. 그는 그럴 만한 자격이 되는, 기자들끼리 흔히 하는 말로 '야마에 맞는 취재원'이었다.

박대근은 1984년 충남 보령에서 태어났다. 성공회대학교

사회과학부 03학번으로 사회학·정치학을 전공했다. 성공회대학교는 진보 성향 학풍으로 유명한, 한국 대학 사회에서 매우 독특한 위치를 점한 학교다. 소속 교수들이 각종 시민사회 활동에도 적극적인 편이다. 일부는 현실 정치에도 발을 들였다. 이 대학의 초대 학장과 제2대 총장을 지낸 이재정 신부는 민주당 국회의원과 노무현 정부 통일부 장관을 거쳐 재선 경기도교육감을 지냈다.

박대근이 "제 담당 교수님이었어요"라고 한 조희연 서울시교육감도 실천적 진보 지식인으로 불렸다. 사회학자인 조희연은 1990년부터 2014년 교육감으로 당선되기 전까지 24년간 성공회대학교 사회과학부 교수로 있었다. 1994년 박원순 변호사(전 서울시장)와 참여연대 창립을 주도했고 그 뒤 사무처장, 집행위원장, 정책위원장 등을 역임했다. 나도 한창 진보 담론에 관심이 클 때는 조희연의 저서 중 이미 절판된 책까지 도서관에서 찾아 읽었던 기억이 있다.

진보 정치학자인 정해구 교수(전 문재인 대통령 직속 정책기획위원장)도 같은 학부에 재직했다. 노동자 연구로 시작해 6·25전쟁 연구로 독자적 학문 세계를 구축한 김동춘 교수, 국내 대표적 인권학자 조효제 교수는 지금도 사회과학부에서 강의한다. 『감옥으로부터의 사색』으로 유명한 고故 신영복 교수도 1998년부터 2006년까지 같은 학부 교수로 일했다.

박대근은 이들 다섯 학자의 수업을 모두 들었다고 했다. 이 중에서도 그는 신영복, 조희연, 정해구 교수의 수업에 특히 흥미를 느꼈다. "다들 인간적이고 좋은 분들이에요. 학생들을 열성적으로 가르치기로 유명했고요. 신영복 교수님은 큰 정신적 지주였죠."

그런 그가 진보 성향을 갖게 된 건 자연스럽다. 원래는 민주노동당을 지지했다. 이것도 이상해 보일 게 없는 일이다. 민주노동당이 '부자에게 세금을, 서민에게 복지를'이라는 슬로건을 앞세워 10명의 국회의원 당선자를 낼 때가 2004년이었다. 봉준호·박찬욱 등 유명 영화감독들이 모여 "민주노동당을 지지한다"고 기자회견을 하던 시절이었다. 진보정치의 역사에서 짧지만 가장 찬란했던 그런 시기 말이다.

그는 선거마다 '전략적으로' 생각하려 애썼다. 당선 가능성을 고려해 민주당을 찍는 일이 조금씩 늘었다. 차츰 보폭이 민주당 쪽으로 옮겨가고 있음을 그는 알았다. 2008년에는 민주

정책연구원(민주당 싱크탱크) 산하 대학생 조직에서 사무국장으로 활동했다. 당내에서 진행되는 세미나 등에 참석해 녹취를 푸는 가욋일도 했다. 그즈음 여러 정치인과 교류하기도 했다. 이때 만난 정치 유망주 중에는 훗날 금배지를 달게 되는 사람도 있었다.

민주당의 재집권을 막기 위해서

그는 직업 정치인이 될 생각은 없었다. 그럴 재능도 의지도 없다고 생각했다. 대학 졸업 후 밥벌이를 찾았다. 막연히 책과 관련한 일을 하고 싶다고 생각했다. 교보문고에 입사했고 이후 알라딘, 예스24, 커넥츠북에서 일했다. 책 다루는 직업으로만 10년을 보냈다. 지금은 온라인 쇼핑몰을 운영한다. 생활인으로 사는 와중에도 늘 민주당의 승리를 열망했다. 2012년 대선과 2017년 대선에서 문재인 후보에게 투표했다.

그러다 2019년 8월 무렵 오랜 관성에 마침표를 찍었다. 민주당에 대한 지지를 철회하기로 했다. '조국 사태'의 파편이 이곳저곳으로 튀던 때다. 2021년 4·7 서울시장 보궐선거에서 그는 오세훈 국민의힘 후보에게 투표했다. 2022년 3월 9일 대선에서도 윤석열 국민의힘 후보를 찍었다. 모두 "민주당의 재집권을 막기 위해서였다"고 한다.

그와 대화하다 보면 종종 '민주당 친구들'이라는 표현을 듣게 된다. 정당의 청년 조직은 좁디좁은 세계다. 누가 어느 학교 출신이고 무슨 활동을 했으며 어떤 의원과 가까운지 서로가 안다. 금배지의 세계가 그러하듯 금배지를 꿈꾸거나 돕는 사람들의 세계도 정글이다. 아귀다툼이 횡행하고 마타도어가 난무한다. 그 나름의 음해와 병법, 술수가 활개 친다.

당 활동을 접은 지 오래되었다지만, 실명을 내놓고 이런 말을 하는 게 그에게는 큰 용기를 내야 하는 일이다. "민주당 친구들에게 일침을 날리고 싶다"는 마음이 훨씬 컸기 때문에 가능했을 것이다. 자기 자신에게 물어본다. '내가 왜 이렇게 되었을까? 나이가 들어 보수화한 걸까? 사업을 하게 되어 자본주의의 첨병으로 변해 버렸을까?' 여러 번 되새김질한다. 사소한 변화까지 억지로 더듬는다. 결국 "지금의 민주당이 대체 누구를 대표하고 있는지 모르겠다"고 나름의 결론을 내린다.

"친문親文이 중심인 민주당은 피아 식별, 선악 구분, 갈라치기, 진영 논리, 반대 의견 묵살로 설명되어요. 그런 생각을 뻔뻔하게 페이스북에 올립니다. 노무현뿐만 아니라 김대중의 민주당과도 완전히 달라요. 민주당의 유산은 탈권위주의인데, 지금은 그런 모습이 없어요. 오랫동안 민주당을 지지했던 사람으로서 참담합니다."

국민의힘 지지자로 변신한 건 아니다. 달라진 건 내가 아니라 민주당이다. 그러니 단순히 보수화라고 요약할 성질의 문제가 아니다. 아무리 생각해도 "나는 아직 진보"라고 박대근은 자꾸 되뇐다. 민주당이 진보적 가치를 대변하지 못하다 보니 윤석열을 지지했다고 그는 말했다.

1980년대생은 진보적인 세대다

이재명 후보보다 윤석열 후보에게 더 많은 표를 준 1980년대생이 전반적으로 진보에 가깝다는 건 진실에 부합한다. 동아시아연구원EAI이 제20대 대선 패널 조사를 통해 세대별 주관적 이념 인식을 살핀 자료가 있다.

가장 진보는 0, 중도는 5, 가장 보수는 10으로 점수를 매겼을 때, 1980년대생의 주관적 이념 인식 평균은 5.02로 나타났다. 이는 4.79로 집계된 1970년대생에 이어 전체 세대에서 두 번째로 낮은 수치다. 1990년대생은 5.32로 1960년대생(5.15)은 물론 전체 평균(5.28)보다 보수 성향이 짙게 나왔다. 이외에 1940년대생은 6.25, 1950년대생은 5.88이었다.

1980년대생에서 스스로 진보라고 생각한 비중은 32.5퍼센트였다. 이 역시 1970년대생 중 스스로 진보라고 생각하는 비중(34.1퍼센트)에 이어 2위에 해당하는 수치다. 1990년대생에서 스스로 진보라고 생각한 비중은 22.9퍼센트로 1960년대생(25.2퍼센트)과 전체 평균(25.2퍼센트)을 모두 밑돌았다. 그 밖에 1940년대생과 1950년대생에서 이 비중은 각각 16.3퍼센트, 14.8퍼센트에 그쳤다. 바꿔 말하면 1980년대생은 전체 세대를 통틀어 두 번째로 진보적인 세대였다.[7]

'진보적인데 윤석열에게 무게를 실어준 세대.' 이 아이러니한 간극을 어떻게 이해해야 할까? 박대근은 민주당을 두고 표리부동表裏不同과 내로남불이라는 단어를 썼다. 이것은 익히 알려져 있는, 즉 민주당에서 이탈한 유권자 집단을 이해할 중요한 고리다. 입으로는 진보를 외치면서 몸은 그와 반대 방향으로 향하는 행태에 대한 반감이 그만큼 심하다는 뜻이다. 30대에서 이 반감이 특히 뾰족하다는 점을 시사하는 조사 결과도 있다.

한국정당학회와 『중앙일보』가 의뢰하고 에스티아이가 2022년 2월 17일부터 24일까지 실시한 '제20대 대선 2030 패널 조사'에서는 참여자들에게 이른바 '내로남불' 정당이 어느 정당이라고 생각하는지를 물었다. 그 결과 30대 남성에서는 민주당 39.3퍼센트, 국민의힘 24.4퍼센트, 두 정당 모두 28.0퍼센트라는 결과가 나왔다. 30대 여성에서는 민주당 24.6퍼센트, 국민의힘 20.4퍼센트, 두 정당 모두 46.9퍼센트로 집계되었다.

20대를 대상으로 한 조사 결과는 미묘하게 달랐다. 20대 남성에서는 민주당 47.7퍼센트, 국민의힘 12.3퍼센트, 두 정당 모두 30.5퍼센트로 집계되었다. 20대 여성에서는 민주당 20.1퍼센트, 국민의힘 20.5퍼센트, 두 정당 모두 38.6퍼센트로 나타났다. 바꿔 말해 20대에서는 남녀간 '젠더 차이'가 좀더

도드라졌고 30대에서는 남녀 상관없이 민주당을 대표적 내로
남불 정당으로 보았다는 뜻이다.[8]

박대근은 대북정책의 초점이 북한을 강력히 억제하는 데 있
어야 한다고 본다. 이것은 전통적인 한국 진보의 입장과 배치
된다. 그 대신 그는 노동, 인권, 소수자, 표현의 자유 문제에서
전향적 입장을 가진 사람이 진보라고 생각한다. 실제로 그는
LGBT 담론이나 플랫폼 노동 이슈에 대해 높은 이해도를 보였다.

그렇다면 궁금증은 이런 것이다. 2022년 대선의 선택지에
는 심상정 정의당 후보도 있었다. 정의당은 국민의힘에 비해
포용적 대북정책을 지향하지만, 민주당과 달리 북한 인권 문
제를 공론화하고 대륙간탄도미사일ICBM 발사를 규탄하는 등
북한 정권에 할 말은 하는 스탠스를 취한다. LGBT와 소수자
이슈에서는 국회 내에서 가장 적극적인 목소리를 내는 정당이
다. 그런데도 민주당에서 이탈한 30대들은 대선에서 보수정
당 후보를 택했다.

일단 주목할 키워드는 연령 효과aging effect다. 연령이 높아
지면 역할이나 경험이 달라지게 되어 있고, 이것이 행동 변화
로 나타난다는 것이다. 박대근이 심상정 후보를 택하지 않은

이유라면서 꺼낸 말도 연령 효과의 맥락에서 읽힌다.

"20대 때는 정치·사회 이슈 중심으로 진보를 생각했지만 지금은 달라요. 회사도 다니고 주식도 하고 집도 구해야 하죠. 경제 영역에서 때로 보수적 정책이 필요할 때가 있다고 생각하게 되었습니다. 저는 보수 정권이 재개발·재건축 규제 완화를 적절히 활용해 집값을 잡은 적도 있다고 생각해요."

수수께끼는 풀리지 않았다. 연령 효과의 렌즈로만 볼 경우 1960~1970년대생의 견고한 민주당 지지세를 이해하기가 어렵다. 무엇보다, 왜 1980년대생만 다른 경로를 택했는지 설명할 언어가 없다. 박대근이 꺼낸 말에 힌트가 있다. "집도 구해야 하죠." 문제는 부동산이었다.

제 6 장

가장
논쟁적인
능력주의

20대 남성을 사로잡은 어떤 30대

"보수주의자는 이상향을 만들어주겠다는 모든 계획들을 불신한다. 그는 법률을 제정하는 힘으로 인류의 모든 문제를 해결할 수 있다고는 믿지 않는다."[1]

– 러셀 커크, 『지적인 사람들을 위한 보수주의 안내서』

이준석 현상

정치인은 에어쇼의 비행기와 같은 존재다. 활주로에 있을 때 별반 특별할 게 없는 쇳덩어리는 구름 위로 날아오르며 존재감을 과시한다. 그러나 축제가 끝난 뒤에는 수직 하강이 숙명이다. 지표면에 닿으면 곡예의 추억은 활주로 옆 잡풀 속에 파묻힌다. 뒤로는 수십여 대의 비행기가 '이번엔 내 차례요' 하며 줄줄이 늘어서 있다.

대중은 필요에 의해 정치인을 띄우고, 쓸모가 다하면 냉혹히 폐기 처분한다. 이것이 정치인의 운명이다. 1987년 민주화 이후 집권한 노태우, 김영삼, 김대중, 노무현, 이명박, 박근혜 그 누구도 이 운명을 거스르지 못했다. '이것은 정치 보복'이라며 무수히 항변한 사람이 있는가 하면, 운명을 담담히 직시한 사람도 있다.

'문재인 시대'의 황혼기에 1985년생 이준석이 비상할 줄은 아무도 몰랐다. 그가 당대표에 도전하겠다고 했을 때, 흔한 반응은 "용기는 가상하다"는 것이었다. 정치적 체급을 높이기 위한 전략적 행보에 불과하다는 냉소도 튀어나왔다. 그러나 2021년 6월 11일 온라인으로 진행된 국민의힘 전당대회에서 그는 득표율 43.82퍼센트를 기록해 나경원(37.14퍼센트), 주호영(14.02퍼센트), 조경태(2.81퍼센트), 홍문표(2.22퍼센트) 후보를 따돌렸다. 여론조사 득표율 58.76퍼센트는 다른 4명 후보의 득표율 합계(41.25퍼센트)보다 17.51퍼센트포인트 높았다. 헌정 사상 최초로 30대 원내 교섭단체 정당 대표가 탄생했다. 국회의원 경험이 없는 그가 도합 18선(나경원 4선, 주호영 5선, 조경태 5선, 홍문표 4선)의 윗세대 거물을 모두 꺾었다.

전당대회 하루 전날인 6월 10일, 이준석과 만나기로 약속이 되어 있었다. 이날 오전 9시 48분, 그에게서 "1층 로비에 도착했다"는 전화가 걸려왔다. 그는 백팩을 맨 채 홀로 동아일보 충정로 사옥에 나타났다. 그의 맨얼굴에 피로가 묻어났으나 평온해 보였다.

그와 만난 이유는 2가지였다. 일단 그가 1985년생이기 때문이다. 동시에 그를 밀어올린 주체가 후세대인 1990년대생이라는 점에 주목했다. 이준석에 대한 이해는 1980년대생과 1990년대생에게 스며든 어떤 정치적 의식을 파악하는 일이라고 생각했다. 이준석이 정치의 전면에서 물러난 지금도 '이준석 현상'을 만든 힘은 유효하다. 나는 지금 옳고 그름을 따지려는 게 아니다. 한국 사회 한편에 자리 잡고 있는 어떤 정치적 에너지에 대해 기록하려는 것이다.

게임의 캐릭터처럼 소비하다

이준석은 오전 첫 일정은 수행 비서 없이 주로 혼자 다닌다고 했다. 나를 만난 날은 자택이 있는 노원구 상계동에서 지하철을 갈아타고 왔다. "시내로 나오면 보통 4호선 타고 5호선이나 2호선으로 갈아타는 경우가 많아요. 그런데 4호선 타는 어지간한 분들은 몇 년째 이준석을 봐서 별로 놀라지 않아요."

그의 너스레에 함께 웃었다. 검정 세단 뒷좌석에 앉아 서류철을 뒤적이는 임원의 모습이 아니다. 한여름에 부지런히 외근을 나온 과장의 모습이다. 그가 정계에 입문한 지 만 10년 안팎이니, 기업이었다면 과장 직급에 있을 시기다. 서울시 공공 자전거 '따릉이'도 그가 애용하는 출퇴근 수단이다. 그렇지 않을 때는 자신의 전기차를 직접 운전해 수행 비서를 태우고 다닌다. 그가 당대표에 당선된 직후, 한 온라인 커뮤니티에는 문재인 대통령과 회담할 때도 백팩을 맨 채 지하철 타고 갈 것이냐는 '질문성' 게시물이 올라왔다. 흔한 '셀럽'의 자의식이 없다.

그의 수행 비서는 이런 일화를 전해준 적이 있다. "같이 다니면 맨날 길거리에서 김밥 사 먹죠. 선거운동 스케줄이 끝나면 밤 10시가 넘으니 갈 때가 없잖아요. 그러면 편의점 찾아서 김밥 사고 나온 뒤 벤치에서 먹어요. 어두운 데서 둘이서 먹으니 알아보는 사람도 없고요. 이 전 대표는 같이 다니면 특별한 사람은 아니에요. 보통의 30대 중 조금 똑똑하고, 자기 철학이 있는 사람이랄까. 새 인물은 아니잖아요. 변화에 대한 지금의 바람이 꼭 이준석이어야만 받아낼 수 있는 것은 아니에요. 다만 이 바람에 가장 부합했던 인물이 아닌가 싶어요."

이준석의 세계관을 떠받치는 기둥은 불간섭이다. 이념적 정체성을 물으니 자신은 '보수주의자'라기보다는 '불간섭주의자'라고 했다. 이런 경우 전체주의적 성향과는 상극이다. 그가 보기에 국가는 "국민이 자유롭고, 또 경쟁할 수 있는 환경을 마련해주는 플랫폼"이다. "국가가 국민을 위해 작동하는 데 중점을 두어야지, 우리가 국가를 위해 무엇을 해야 하느냐고 자꾸 묻는 것은 전체주의적 발상이죠."

이것은 그를 지지한 20대 남성의 생각과 결이 통한다. 20대 남성은 노력한 만큼 혹은 가진 능력대로 보상을 받아야 한다는 공정성의 논리를 갖고 있다. 여기서의 주체는 어디까지나 개인이다. 이들은 개인을 넘어 계급이나 인종, 성별 등의 요소가 끼어드는 건 불공정이라고 생각한다. 같은 이유로 재벌 체제의 세습에 대해서도 비판적이다. 그 역시 특권이라고 본다. 20대 남성의 생각을 노년층의 보수성과 포개어 보기 어려운 건 이 때문이다.

그러니 보수보다 불간섭을 강조하는 건 이준석에게 요긴한 전략이다. 그는 노년층에 대해 주로 '60대 이상의 전통적 보수이자 애국 보수'라고 표현했다. 이를테면 "국가에 대한 고민이 많고, 국가가 잘되기 위해 개인이 희생할 수 있는 게 아니냐는 정도의 생각을 장착하고 정책을 판단한다"는 것이다. 그 대신 20대에 대해서는 "개인의 자유와 인권, 권리라는 걸 포기할 수 없는 세대"라고 말했다. 어느 쪽에 방점을 찍고 있는지가 너무 명확하다.

이와 같은 구분법이 정치적으로 미친 영향은 작지 않다. 20대 남성은 문재인 정권의 '진보 엘리트'에만 반감을 가진 게 아니었다. 특권과 간섭을 당연시하는 '보수 엘리트'에도 분노했다. 이준석은 어땠을까? 이른바 '애국 보수'와 충돌이 잦았다. 민경욱 전 미래통합당(현재 국민의힘) 의원은 이준석을 두고 "좌파첩자"라며 이죽거린 적이 있다. 태극기부대의 정서가 오롯이 담긴 표현이다. 이준석은 수그리지 않았다. 여기다, 자신이 '애국 진보'라고 규정한 민주당과 586 정치인들에게도 날을 세웠다. 나를 만나서는 "누군가 찍어 누르려 하면 두들겨 부수고 싶다"고도 말했다. 20대 남성은 이런 이준석을 통해 진보와 보수 엘리트에 짱돌을 던졌다.

나는 20대의 감수성과 관심사를 잘 모른다. 으레 '2030'으로 통치지만, 1980년대생과 1990년대생 사이에도 좁힐 수 없는 문화적 격차가 있다. 가요에 빗대면 H.O.T. 세대와 빅뱅 세대가 다르고, 이 둘과 BTS 세대는 또 다르다. H.O.T. 세대인 나는 BTS 세대를 이해할 언어나 도구를 갖고 있지 않다. 이준석에게는 페이스북이나 인스타그램에 '이것 좀 읽어달라'는 20대의 메시지가 쏟아진단다. 온라인 커뮤니티에 도는 각종 이슈를 모아 보내준다는 것이다.

20대들이 주로 찾는 각종 온라인 커뮤니티에서 그는 지금도 '준스톤'으로 불린다. '스톤stone', 즉 돌이라는 의미다. 한문으로 바꾸면 '돌 석石'이다. 회원수가 84만 명인 한 게임 커뮤니티에서는 전당대회 당시 그의 지지율이 계속 상승하자 "준스톤, 아무도 못 막는다. 슈퍼루키 등장"이라는 글이 올라왔다. 20대는, 이를테면 그를 게임의 캐릭터처럼 소비한다. 이준석을 '캐릭'으로 활용해 상대의 적장을 무너뜨리는 데서 희열을 느낀다.

빚진 게 없고 손 벌린 게 없다

그도 그럴 것이, 위계질서 면에서 둘째가라면 서러워할 보수정당에서 이준석은 조자룡처럼 창을 휘둘렀다. 말끝은 날이 갈수록 뾰족해졌다. 10년간 여러 전장戰場을 거쳐 노련한 전사로 성장했다. 아무리 옳은 소리라도 계급장 떼고 외치면 "싸가지 없다"는 소리를 듣게 마련이다. 더군다나 '50대·서울대·판검사·관료'가 주류인 조직에서 30대 유학파 공학도가 계급장을 뗐으니 오죽했을까 싶다. 물론 "싸가지 없다"는 말에 쉽사리 창을 내려놓는다면 조자룡이 아니다. 창을 내려놓는 순간 자기 색깔이 사라지고 영혼마저 죽는다는 걸 몸으로 알기 때문이다.

"토론에 나가면 '젊은 사람이면 젊은 사람답게 해라' 이런 이야기를 굉장히 많이 듣거든요. '젊은 사람이면 깍듯이 예의를 갖추라' 이러는데, 저는 아직까지 그렇게 방송을 많이 했지만 깍듯하게 예의를 갖추면서 논리를 전개하는 게 쉽지가 않아요. 그건 조깅할 때 양복 입은 것과 비슷한 거죠. 예의 바른 게 아니라 그러면 '또라이' 취급당해요. 논쟁적이면서도 예의 바른 사람들이 있기는 있어요. 그런데 대중이 모르잖아요."

적정선에서 휴전하자는 생각이 애당초 이준석에게는 없다. 상대가 누구건 집요하고 독하게 물고 늘어진다.

"꼭 싸워야 할 땐 싸워야 하는데 보수정당은 그게 비겁한 거예요. 그러니까 상대가 그런 식의 프레임, 이미지 씌우기를 하죠. 그 상황에서 정무 감각이라는 건 의도를 명확히 파악하는 거지, 겸손한 모습을 보이고 착한 척하는 게 아니에요. 관성에 따라 아저씨들 하는 이야기를 다 들어주는 게 정무 감각은 아니라는 거죠."

표현이 거칠다. 이날 만남을 포함해 이준석과는 그간 4~5번 만났는데, "이 대목은 오프더레코드off the record로 처리해달라"는 말은 단 한 번도 한 적이 없다. 타고난 싸움꾼이다. 이재명 민주당 대표가 경기도 성남시장 시절 단박에 전국구 스타로 떠오른 모습과 묘하게 닮았다. 옳건 그르건 논쟁을 만들어낼 줄 안다. 이것은 고구마 같은 정치 언어에 지친 대중에게 거대한 카타르시스를 안겼다.

이를테면 그는 복기復棋하기보다 내지르고 보는 사람이다.

차분하고 얌전하고 용의주도한 면보다 좌충우돌하고 튀는 면을 정치적 자산으로 삼는다. 즉각적이고 솔직하다. '전략적 모호성'이라는 명분하에 속내를 감추는 게 미덕으로 평가받는 정치 문법과 다르다. 민감한 사안에는 한 발 비켜난 채, 듣기에 거북하지 않고 말하기에도 부담스럽지 않은 메시지만 내놓는 '선문답 정치'의 모습도 아니다.

그러니 그에게서는 남이 끌어주지 않고 자기 실력으로 지금의 자리에 왔다는 자신감이 차고 넘친다. 그는 2021년 5월 21일 페이스북에 "내 발탁에 있어서 박근혜 대통령에게 감사한다. 그런데 탄핵은 정당하다"고 썼다. 6월 3일 '보수의 아성' 대구에서 열린 국민의힘 대구·경북 합동연설회에서도 "박근혜 대통령이 저를 영입하지 않았다면 저는 이 자리에 서 있지 못했을 것이다. 하지만 저는 제 손으로 만드는 데 일조한 박근혜 대통령이 호가호위하는 사람들을 배척하지 못해 국정 농단에 이르는 사태가 발생하게 된 것을 비판하고, 통치 불능의 사태에 빠졌기 때문에 탄핵은 정당했다고 생각한다"고 말했다.

빚진 게 없고 손 벌린 게 없다고 생각하니 당당함을 숨길 이유도 없다. 해도 그만 안 해도 그만인 두루뭉술한 화법이 아니다. 직답을 피하고 슬쩍 찔러만 보는 '간 보기 정치'에 대한 대중의 반발이다. 어딘가 기시감이 들지 않는가? 개인이 가진 능력과 성과대로 보상을 받아야 한다고 생각하는 20대 남성의 논리다.

노력이건 행운이건, 어쨌든 그는 없는 길을 만들어서 여기까지 온 사람이다. 이준석이 길을 개척하는 데는 토론이 요긴한 도구로 쓰였다. 그는 평소 '토론 배틀'이라는 표현을 많이 썼다. 그에게는 강호의 고수들과 일합—合을 겨루며 성장했다는 자부심이 엿보였다. 그에게 물어보니 하버드대학에서 글쓰기를 통해 논증하는 법을 체득했고, 이것이 토론의 자양분이 되었다는 답이 돌아왔다. 정치권에 와서는 고故 노회찬 전 정의당 의원, 김부겸 전 국무총리 같은 거물들과 실전 대련對鍊하며 공력을 키웠다고도 말했다. 그들과 함께 출연한 방송 토론을 모니터링하면서 어떤 형태의 논객으로 진화할지 고민했다는 것이다.

그가 노회찬을 첫 손가락에 꼽은 건 의외라고 생각했다. 그는 정치인이 된 후 노회찬식 토론법을 차용하는 데 애썼다고 말했다. 두 사람이 같은 지역구(서울 노원병)에서 활동한 점 말고는 공통점이 없는데, 그에게는 노회찬에 대한 애정이 제법 깊어 보였다. 그는 진중권을 극도의 논리형 논객, 노회찬을 공감형 논객이라고 분류했다. 길게 말하지 않으면서 논지를 전개하려면 비유가 최적의 무기다. 노회찬은 비유로 당대 토론판을 평정했다. 그가 왜 노회찬을 전범典範으로 삼았는지는 이해할 만하지만, 솔직히 말하면 아직은 논리형 논객인 진중권에 가까워 보인다. 빈틈이 없지만 저잣거리의 구수함이 부족하다. 그가 노회찬의 장점까지 흡수하면 첫 손가락에 꼽힐 선동가가 탄생할 것이다.

사실상 당대표에서 쫓겨난 이준석의 미래는 어떻게 될까? 여전히 20대 남성은 그의 뒷배로 남아 있을까? 간접적으로나마 참고할 지표는 있다. 그가 보수 신당을 창당할 경우 20대 응답자의 23.5퍼센트가 지지한다고 답한 여론조사가 있었다. 16퍼센트로 나온 전체 응답자의 답변 비율을 크게 웃도는 수치다. 국민의힘을 지지하겠다고 답한 20대 응답자의 비율은 20퍼센트였다. 어디까지나 가정에 의해 설계된 조사이긴 하지만 20대, 구체적으로는 20대 남성에서 이준석의 영향력을 간접적으로 확인해볼 수 있는 지표다.[2]

신당 창당은 이준석이 택할 수 있는 가장 큰 모험수다. 명분이 쌓여도 쉽게 가기 힘든 길이다. 세대 기반 신당의 성공 가능성도 미지수다. 인구 구성상 20대는 윗세대에 비해 소수다. 그중 남성으로 범위를 좁히면 유권자는 더 적다. 그러니 실리적으로만 따지면 이준석은 기존 둥지인 국민의힘에서 생존해야 한다. 그런 의미에서 당원 투표 100퍼센트로 치러진 2023년 3·8 국민의힘 전당대회는 그에게 시험대였다. 야인野人이 된 그가 확보한 당내 영토를 확인해볼 기회였으니 말이다.

이준석은 '천아용인(천하람·허은아·김용태·이기인)'팀을 만들어 대리전을 치렀다. 천하람 당대표 후보는 3위(14.98퍼센트)를 기록했다. 최고위원에 도전한 김용태·허은아 후보와 청년 최고위원에 도전한 이기인 후보도 패배의 쓴맛을 보았다. 결국 이준석이 지원한 팀은 차별화된 노선으로 주목받았으나 세를 키우는데 실패했다. 그가 받아든 숙제가 '당내 입지 회복'이라는 점을 방증한다. 둥지를 떠날 요량이 아니라면 다른 묘수는 없다.

가장 정치적인 능력주의

"마이클 샌델 하버드대 교수의 지적처럼 능력주의는 애초부터 기울어진 운동장에서 결국 엘리트들의 영구 지배를 완성해간다는 점에서 야비한 논리이다. 하지만 지금까지 한국 사회 기득권 정치는 능력주의만이 아니라 부족주의의 특징이 강했다.……민중주의가 왜 더 우위에 서야 인간다운 사회로 갈 수 있는지를 유능하게 실력으로 증명하지 않으면 사회는 차라리 이준석을 선택한다."[3]

– 안병진, 「'이준석 현상'을 이해 못하는 이들에게」

중산층 도시 노동자의 자식

이준석은 당대의 수재가 모인 서울과학고등학교를 조기 졸업했다. 잠시 KAIST(한국과학기술원)에 다니다가 하버드대학 입학 허가를 받고 미국으로 건너갔다. 애초 KAIST와 하버드대학에 동시 지원을 했는데, 3월에 학기가 시작하는 KAIST가 먼저 합격 통지를 보내와서 2~3주 정도 다녔다. 하버드대학에서는 경제학과 컴퓨터과학을 복수전공했다.

학창 시절부터 정치인의 싹이 보였다. 고교 2학년 때 학생회 부회장을 했다. 대부분 조기 졸업하는 과학고의 특성상,

2학년 부회장이 실질적으로 학생회를 총괄했다. 하버드대학에서는 한국인유학생회 회장을 맡았다. 그에게 '리더십이 있었느냐'라고 물었더니 5명 중에서 뽑혔다며 겸연쩍어했지만, 원하지 않는데 어쩔 수 없이 나섰다는 말은 하지 않았다. 어릴 적부터 조직에서 존재감을 드러내려 한 사람이다. 그래서 등 떠밀려 선봉에 선 적이 없다.

귀국 후에는 과외 봉사 단체 '배움을 나누는 사람들'과 소프트웨어 개발 벤처기업 '클라세 스튜디오'를 운영했다. 그러다 스물여섯 살 때인 2011년 박근혜 전 대통령에 의해 새누리당 비상대책위원으로 발탁되어 정계에 입문했다. 그 뒤에는 미디어를 통해 존재감을 한껏 키웠다. 정치 현안이 있을 때마다 언론은 그에게 의견을 물었다. 방송에서 그의 모습은 '물 만난 고기'였다. 출연료도 적잖게 벌었다.

이쯤 되면 사람들은 그의 삶에 대해 이런 식으로 짐작할 테다. 유복한 환경에서 온갖 사교육을 다 받으며 컸을 테고, 부모의 철저한 관리하에 '공부 기계'로 길러졌을 것이다. 하지만 이렇게 뻔한 시나리오로는 그에게 엿보이는 직설적이고 자유분방하며, 도발적이기까지 한 언행을 해석할 도리가 없다.

해답의 실마리는 성장기에서 찾을 수 있을지도 모른다. 그의 아버지는 베이비부머 세대다. 나와 이준석을 포함해 대부분 1980년대생의 부모 세대다. 1955년부터 1963년 사이에 한국에는 902만 명이 태어났다. 이들은 대학을 졸업한 뒤 곧장 직장에 들어가고, 서른 살이 되기 전 결혼해 아이 둘을 낳아 길렀다. 누구나 4인 핵가족을 꾸렸다. 보통의 베이비부머는 이렇게 살았다.

정부는 경기도 분당·일산·평촌 등을 비롯해 수도권 일대에 신도시를 건설하면서 주택 보급을 늘렸다. 열심히 살면 20평대 아파트를 마련할 수 있는 시대였다. 이준석이 자란 노원구 상계동에도 1990년대 들어 상계주공아파트를 비롯한 아파트 개발로 인해 인구가 급증했다. 그에게는 의외로 중산층 도시 노동자의 자식이라는 정체성이 또렷하게 각인되어 있다.

"제가 상계동 출신인 이유는 간단해요. 아버지는 취업하시고, 어머니는 교사 하시다가 결혼하셨어요. 당시 아버지 직장이 대우상사였고, 서울역 대우빌딩에서 근무하셨어요. 서울역에 지하철 4호선이 갓 개통했을 때거든요. 그러면 거기서 출퇴근할 수 있는 데 중 가장 싼 데가 어디냐가 기준이죠. 당시에는 4호선 당고개역도 없었어요. 상계역이 4호선 종점이었거든요. 서울역 대우상사에 근무하게 된, 상경上京한 20대 젊은 사람이 정착할 수 있는 곳은 당시 막 개발되던 상계 신도시 정도죠."

완벽하게 공정한 경쟁

그는 상계5동 한신아파트 3차에 살았다. 한신아파트 3차 앞에 있는 유일한 사교육 기관이 당시 갓 생겨나기 시작한 컴퓨터학원이었다고 했다. 1980년대생이 자라나던 시절엔 으레 그랬다. 조금 재빠른 부모들은 등 떠밀 듯 자녀들을 컴퓨터학원으로 보냈다. "제 기억에 열 살 때인가, 아홉 살 때인가, 프로그래밍 자격증이라는 게 있었어요. 프로그래밍 3급인지 4급인지를 땄어요. 그때 그냥 그런 데(컴퓨터) 흥미가 많이 생겼죠." 나도 컴퓨터학원을 다녔다. 프로그래밍까지는 관심이 없었지만.

그가 정치권에 안착하는 데 '하버드대학 졸업장'의 영향이 없었다고는 누구도 믿지 않는다. 한국에서 사회적 층위를 가르는 잣대는 교육이다. 교육은 이해관계가 다른 다양한 집단 간의 각축장이다. 교육 성취는 개인적 노력의 결과다. 이와 동시에 성취를 이루어낼 환경을 제공할 부모의 존재도 큰 변수다. 노력과 환경, 무엇의 비중이 높은지는 계량적으로 밝혀지지 않았다. 날선 칼로 베어낸 듯 또렷한 단면이 드러나는 문제가 아니다.

주목할 만한 연구는 있다. 사회복지학자 신명호는 고학력 중산층과 저학력 노동자층을 심층 인터뷰한 뒤 학업 성적과 양육 관행의 관계를 연구했다. 그렇게 나온 책 제목이『왜 잘사는 집 아이들이 공부를 더 잘하나?』다. 이 책에는 4가지 유형이 나온다.

첫째, 누가 시키지 않아도 스스로 공부하는 유형이다. 타고난 경쟁심에 의해 승부 근성이 강한 성향이다. 둘째, 부모의 요구와 기대에 부응하기 위해 공부하는 유형이다. 셋째, 부모의 압박이 자녀의 의지와 태도를 전혀 바꾸지 못하고 외려 반발을 유발하는 경우다. 넷째, 공부와 거리가 먼 척박한 가정환경에서 자라 일찍부터 공부에 대한 흥미와 관심을 상실한 경

우다.[4]

  신명호의 연구에서 저학력 노동자와 저소득층 중 명문대에 들어간 사례는 일관되게 첫째 유형에 속했다. 부모라는 변수 없이 개인의 노력에 초점이 맞춰진 유형이다. 나머지 세 유형은 부모의 사회경제적 기반에 의해 운동장이 기울어져 있다는 점을 암시한다. 이 대목에서 보수와 진보의 색이 갈린다. 이준석은 첫째 유형에 주목한다. 그가 쓴 『공정한 경쟁』에는 이런 대목이 나온다.

  "중학생에 불과한 아이들 700명이 등수를 두고 다투었어요. 좀 잔인한 측면도 있지만 저는 그 시절의 공부가 내 인생의 중요한 전환점이 되었다고 생각합니다. 지금 생각하면 완벽하게 공정한 경쟁이었고요."[5]

  판사 출신의 이탄희 민주당 의원이 바로 이 대목에 대해 2021년 6월 7일 페이스북에 반박 글을 올린 적이 있다.

  "완벽하게 공정한 경쟁이었다?……하지만 나는 한 번도 이런 생각을 해보지 못했다. 내가 겸손한 사람으로 태어나서 그랬을까. 아니다. 결코 아니다. 나에겐 수많은 친구들이 있었기 때문이다. 나만큼 부모 잘 만나지 못한 친구들, 나만큼 건강하지 않았던 친구들, 나만큼 공부 잘하게 훈련받지 못한 친구들, 나만큼 자기 일에 집중할 수 없었던 친구들, 나만큼 시행착오를 감당할 여유가 없었던 친구들, 나만큼 주변의 도움을 받지 못한 친구들, 위기를 딛고 다시 일어날 기회가 없었던 친구들, 나만큼 행운이 따르지 않았던 친구들이 내 주변에는 셀 수도 없이 많았다."

이번에는 이낙연 전 민주당 대표가 6월 11일 『연합뉴스』 인터뷰에서 "(이 대표가) 능력주의의 신봉자이기 때문에 상당히 논쟁적 상황이 벌어질 것"이라면서 "민주당은 기존의 포용주의를 포기할 수 없다. 능력주의와 포용주의가 한바탕 논쟁을 겪어야 한다"고 말했다.

순도 높은 경쟁주의자

이탄희의 글은 '정치적으로 올바르다'. 냉정히 말하면 그뿐이다. '올바르지 못한' 생각에 동조하는 청년층이 많은 이유에 대해서는 별로 고민한 흔적이 없다. 이낙연의 말은 다소 모호하다. 능력주의의 개념이 어떠하며, 무엇이 문제인지에 대해서는 별말이 없다. 무엇보다 민주당은 '조국 사태'의 직간접적 이해당사자다. 조국 전 법무부 장관의 딸은 입시 과정에서 허위 인턴 확인서 발급, 고교 시절 의학 논문 제1저자 등재 등의 의혹으로 논란이 되었다. '조국 사태'와 이낙연이 강조한 포용주의의 거리는 서울과 평양처럼 멀어 보인다.

즉, 능력주의 담론의 확산은 문재인 정부에 대한 반작용이다. 정치는 옳고 그름 이전에 정서의 영역에 있다. 이준석은 당대표 시절 여러 차례 "'공직 후보자 자격시험'을 도입하겠다"고 공언했다. 이 대목에서 대중은 부작용 가능성을 따지기보다 기득권 질서에 대한 도발이라는 데서 통쾌함을 맛본다. 나이와 영향력, '알짜' 지역구를 연료 삼아 소영주小領主처럼 행세하는 기성 정당 질서에 비토권을 행사한다. 여기에 대고 "마이클 샌델이 어떻고", "능력주의의 반동성이 무엇이고" 말해봐야 '설명충' 소리만 듣는다. 진보 성향 정치학자로, 2012년 총선 때 민주통합당 중앙선거대책위원회 인터넷소통위원장으로 일했던 안병진 경희대학교 미래문명원 교수는 내게 이런 말을 건넨 적이 있다.

"마이클 샌델이 『공정하다는 착각』에서 이야기한 내용이나 저의 생각이나 비슷해요. 능력주의가 기울어진 운동장에서 불평등을 확산시킨다는 게 진보주의자들의 기본 입장이죠. 저역시 본질적으로는 이준석에 대해 비판적 입장은 갖고 있죠. 다만 그렇다면 기존 한국 사회가 능력주의만으로 운영되었느냐 반문할 수 있죠. 오히려 능력주의보다는 더 후진적이고 전근대적인 행태가 있지 않았느냐는 겁니다. 그게 부족주의죠. 특히 '조국 사태' 같은 게 '이준석 돌풍'을 불러온 거죠. 예컨대 트럼프 현상은 굉장히 안 좋은 것이지만, 그것은 기존 미국 리버럴 세력이 오히려 기득권을 공고히 하는 모습을 보이니 시민들이 워싱턴을 한 번 흔들어보자고 해서 나타난 일이잖아요. '이준석 돌풍'은 그것과 비슷한 측면이 있죠."

그러니 이준석은 뜻을 굽힐 생각이 없다. 경쟁이 가져올 폐해도 있을 텐데, 여러 차례 만나는 과정에서도 그런 이야기는 거의 하지 않았다. "패자에 대해 어떤 접근법을 취해야 하느냐"고 물어도 "나누자는 논리를 만들기보다는 성장을 통해 기회를 늘려야 한다"는 답이 돌아왔다. 또 "뒤처진 사람들을 경쟁의 출발선에 다시 세워야 한다"고도 했다. 경쟁에 대한 이 사람의 확신은 날것 그대로다.

이런 생각은 어떻게 만들어졌을지 궁금하던 찰나에 이준석의 입에서 이해찬 전 민주당 대표의 이름이 튀어나왔다. "'공부 안 해도 돼'라는 '이해찬주의'의 결과물이 뭡니까? 그때 공부 안 했던 사람들이 지금 성공했나요? 그건 무책임한 발언이죠." 진단하고 규제만 하니 현장과 동떨어진 결과를 낳는다는 이야기다. 그 당시에는 '대안이 없으니 차악을 택하자'는 의미로 이해했는데, 그와 헤어지고 곱씹다 보니 '닥치고 경쟁이 최선'이라는 뜻으로 읽혔다. 후자라면 그는 순도 100퍼센트의 경쟁주의자다.

"'완벽하게 공정한 경쟁'이라는 건 딱히 이의를 제기할 수 없을 정도의 룰rule이라는 이야기예요. 예를 들어 700명을 학교 성적으로 줄 세웠을 때 불만은 크게 있지 않을 것이라고 생각해요. 경쟁주의에 대해 지적하는 분들이 과연 그러면 어떤 대안을 갖고 있느냐. 단 한 명도 제대로 된 대안을 제시하지 못했습니다. 공정의 가치를 포기하고라도 다양성을 추구하기 위해 무엇을 어떻게 하겠다는 구체적인 액션 플랜이 없어요. 보통 대안으로 나오는 게 음서蔭敍로 귀결되는 정책이거나, 말

그대로 주관적 평가에 의존하는 방법이죠."

700명 줄 세우기. 명쾌하되 냉혹하다. 공화주의의 전통을 가미한 현대 보수정치에서 쉽사리 나오기 힘든 주장이다. 보수 내에도 그의 '급진적 생각'에 이견이 있다. 그럼에도 20대가 그를 거대 정당의 당수로 밀어올렸다. 1990년대생이 이준석에게 열광했다는 말의 뜻은, 바로 뒷세대 사이에서 1980년대생 중 롤 모델이 이준석이라는 의미다. 모든 1980년대생이 경쟁주의자가 된 건 아니나, 그 시절을 겪은 1985년생 이준석은 순도 높은 경쟁주의자가 되었다. 그것은 한국 사회의 발전 경로가 초래한 결과물이다. 이준석과 이준석 팬덤을 만든 모든 것이 사회적이다. 냉소한다고 될 일이 아니다. 비판은 하되, 주의를 기울여 이해해야 할 현상이다.

이해찬과 손주은 사이의 혼란

"감옥과도 같은 획일적인 훈육의 공간을 박차고 나오려는 학생의 욕망은 자기 주도적 학습 주체를 형성하려는 권력의 욕망과 교차한다. 이미 주어진 삶의 궤적에서 벗어나 자신의 자유와 희망을 꿈꾸는 주체의 욕망은 자기계발, 자기경영하는 주체를 통해 그/그녀의 삶을 자기책임과 자기실현의 문제로 축소하려는 권력의 욕망과 손을 잡는다. 결국 지난 20년간 한국 자본주의의 변화 과정에서 형성된 권력의 주체화의 논리, 즉 '자기계발하는 주체'의 형성은 아이러니하게도 동시에 기존의 규율 사회를 비판하고 자유를 꿈꾸는 주체의 자기 형성의 논리와 겹쳐져 있다."[6]

― 서동진, 『자유의 의지 자기계발의 의지』

이해찬 세대

흔히 이해찬을 총리나 민주당 대표로 기억한다. 나에게는 김대중 정부의 첫 교육부 장관으로 더 또렷하게 각인되어 있다. 제38대 교육부 장관인 그의 재임 기간은 1998년 3월 3일부터 1999년 5월 23일까지 1년 2개월 남짓이다. 당시 나는 중학생이었다. 1948년부터 2013년까지 재임한 장관 953명의 평균 임기는 13.86개월이다.[7] 딱 평균 수준만큼 교육부 장관 자리에 앉아 있던 것이다. 짧은 기간이지만 그의 재임기는 한국 교육사史의 한 페이지를 차지할 만큼 영향력이 컸다.

1998년 3월 22일, 이해찬은 KBS 〈정책진단〉(현재 〈일요진단〉)에 나와 "올해 고교에 입학한 학생들이 대입 시험을 치르는 2001학년도까지는 현행 제도의 틀을 유지하지만, 현재 중학교 3학년생이 대학에 들어가는 2002학년도부터는 대학 측이 자율적으로 새 입시제도를 선택해 신입생을 선발하도록 하겠다"고 밝혔다. 방점은 '자율'에 찍혀 있었다. 다른 표현으로는 '자기 주도'쯤이 되겠다.

이해찬은 10월 19일 "2002학년도 대학입시부터 특기·재능·특별활동 등으로 뽑는 무시험 전형이 대폭 확대될 것"이라고 공식 발표했다. 암기 위주 교육을 탈피하고 흥미와 적성을 살려 인재를 키우겠다는 취지였다. 획일적인 대입 전형 대신 학교생활기록부나 논술 등 다양한 자료를 반영하겠다고 했다. 이내 특기와 적성이 중시되리라는 기대감이 피어올랐다.

2002학년도 수능을 보게 될 당시 중학교 3학년(1983년생)은 '이해찬 세대'로 불렸다. 파급 효과가 워낙 커서 1984년생과 1985년생도 각각 '이해찬 2세대'와 '이해찬 3세대'로 불렸다. 교육부는 사설 입시기관의 모의고사도 금지했다. '무시험'이라는 단어가 자극적이어서 일선에서는 "시험 안 봐도 하나만 잘하면 대학 간다"는 말이 돌았다. 이해찬은 그 후 여러 인터뷰를 통해 "정확하게 그렇게 표현한 적은 없다"고 해명했지만, 취지까지 부인하지는 않았다.

나는 1986년생이지만 일곱 살에 초등학교에 입학해 2004년에 수능을 볼 참이었다. 그래서 '이해찬 3세대'에 속했다. 잘하는 걸 찾아야 한다며 주말마다 친구들과 1시간에 5,000원 하던 노래방을 쏘다녔다. 친구들끼리 농담 삼아 "노래만 잘해도 대학 간다"는 말을 했다. 각각의 취향에 따라 "축구만 잘해도 대학 간다", "탁구만 잘 쳐도 대학 간다", "게임만 잘해도 대학 간다" 따위의 말을 장난스럽게 떠들었다. 요즘 같으면 '밈'이라고 불렸을 현상이다.

2002학년도 수능은 김대중 정부 4년차가 저물어가는 2001년 11월 7일에 치러졌다. 그로부터 이틀 뒤 『동아일보』는 "2002학년도 대학수학능력시험에서 수험생들의 성적이 지난해에 비해 크게 떨어진 것으로 나타나자 난이도 조절 실패에 대한 비판과 함께 이른바 '이해찬 1세대'로 불리는 현 고3 학생들의 학력 저하 문제가 논란의 초점으로 부상하고 있다"는 보도를 냈다. 이 진단에 뒤이어 등장하는 분석 결과는 다음과 같았다.

"이 같은 문제와 불만은 현 정부가 선진국 교육제도의 겉모습을 무리하게 적용해 실시한 교육 개혁이 실패한 결과라는 지적이 나오고 있다.……서울 B고의 S교사는 '신입생에게 신상명세서 작성 요령을 자세히 설명한 뒤 작성시켰더니 46명 중 23명이나 잘못 쓴 적이 있다'며 '이는 단순한 실수가 아니라 학생들의 집중도와 실력이 떨어지는 증거'라고 말했다. 한 고교 수학 교사는 '1/2+1/3의 정답을 1/5이라고 태연히 대답하는 학생이 많다'며 '전반적으로 공부를 안 하는 분위기가 팽배해지면서 아이들을 통제할 수 없게 된 것도 학교 붕괴의 한 원인'이라고 지적했다."[8]

이런 문제의식을 보도한 기사는 지금 찾아봐도 족히 수백 개가 넘는다. 각종 인터넷 커뮤니티에서 '이해찬 세대'라고 검색해도 비슷한 취지의 주장을 쉽게 볼 수 있다. 핵심은 간단하다. 하나만 잘해도 대학 간다고 장관이 분위기를 조성하니 아이들이 공부를 안 했다는 것이다. 훗날 국무총리 청문회에서 이 문제가 논란거리로 떠오르자 이해찬은 "특기·적성 교육의 방향이 옳다는 공감대가 이미 형성돼 있고, 실제로 지금도 그 방향으로 나아가고 있다"며, "특기·적성 교육이 학력 저하를

불렀다고 단정적으로 말할 충분한 근거도 없지 않느냐"고 반박했다.[9]

사교육 시장이 열리다

수능 점수 하락이 '이해찬표 정책' 때문인지는 명확하지 않다. 연관 관계를 구체적으로 확인할 만한 데이터가 없기 때문이다. 사실 이해찬 1세대가 수능을 보기 직전 해인 2001학년도 수능은 유례없이 쉬웠다. 만점자만 66명에 달해 '물수능' 논란이 일었다. 이에 교육 당국이 2002학년도 수능, 그러니까 이해찬 1세대가 보는 수능의 난도를 높이다가 실패해 평균 66.5점이나 떨어졌다는 해석도 있었다.

다만 이해찬을 비판하는 논리(학력 저하론)나 이해찬의 논리(교육 개혁론) 모두 100퍼센트의 진실을 담고 있지는 않다. "노래만 잘해도 대학 간다"고 말했다 해서 정말 내가 일주일 내내 노래방에 갔을까? 그런 메커니즘 탓에 1983~1985년생의 기초학력이 저하되었다고 믿는다면 심각한 착시다. 그렇다고 이해찬을 변호할 생각은 없다. 특기·적성 교육의 방향이 옳다는 말은 원론적으로만 타당하다. 실제 학생들의 삶은 그렇게 '진보적으로' 흘러가지 않았다.

언젠가 교육 정책의 변화상을 취재하면서 '이해찬 세대'에게서 10대 시절을 회고하는 경험담을 들은 적이 있다. 취재 노트에는 지금도 두 사람의 코멘트가 적혀 있다.

부산 출신의 1984년생 장 아무개 한 가지만 잘해서 대학에 갔으면 얼마나 좋았을까? 하지만 여러 가지를 다 잘해야 했거든. 시험도 잘 봐야 했고, 봉사활동에도 적극적이어야 했고. 특기·적성을 살린다면서 발표에 대한 중요성이 커졌는데, 그러니 파워포인트까지 잘해야 했어. 내가 보기에는 만들어진 특기·적성이었지.

서울 출신의 1985년생 김 아무개 고등학교 1~2학년 때 '야간자율학습 폐지' 붐이 일었거든. 수업이 끝나면 곧바로 집에 가서 저녁 먹고 학원엘 갔단 말이야. 아이러니하게도 사교육비가 늘어난 거지. 그러다가 고3이 되니까 학교에서 급식 먹고 '야자' 하는 방식으로 돌아가더라.

이번에는 반대편 이야기다. 1991년 7월 교육부가 방학 중에만 허용한 초·중·고 재학생들의 학원 수강을 각 시·도 교육감이 필요하다고 인정할 경우 교육부 장관의 승인을 얻어 전면 허용할 수 있도록 했다. 1980년 이후 금지되었던 재학생의 학원 수강이 완전 자율화되었다. 그러자 1990년대 중후반부터 사교육 시장이 급속히 팽창했다. 1990년대 초·중·고 재학생의 대부분은 당연히도 1980년대생이었다. 이를테면 1980년대생은 '사교육 네이티브'였다. 서울 대치동이 반포와 청담을 제치고 사교육의 메카로 떠오르기 시작했다. 2000년을 전후해 인터넷 강의(인강)까지 확산하자 대치동의 스타 강사들이 전국적 인지도를 갖게 되었다.

메가스터디 창업자 손주은, 메가스터디 창립 멤버 이범, 조동기논술학원을 설립한 조동기, 스카이에듀의 이현, 수학 강사의 대명사 한석원, 영문법 강의의 전설로 불린 김찬휘 등이 이 시기를 즈음해 이름을 알렸다. 제주에 살던 나도 인강을 통해 스타 강사들을 '영접'했다. 이들 대부분은 86세대였고, 상당수가 운동권 출신이었다. 운동권 활동 중 실형을 선고받아 취업길이 막힌 이들에게 마침 열리기 시작한 사교육 시장은 일종의 돌파구였다.

1990년대 중후반부터 확산한 사교육 시장의 공급자는 1960년대생이었고, 그 수요자는 1980년대생이었다. 그러니 1980년대생은 공교육과 사교육의 기압차가 만드는 치열한 소용돌이를 마주해야 했던 세대다. 자율을 표방한 공교육의 대상이자 산업화한 사교육의 최대 고객층이었기 때문이다. 나는 그것이 상징적 의미에서 이해찬과 손주은 사이에서 일어난 자아 분열이었다고 생각한다.

우리는 청소년기의 중요한 감각을 이해찬과 손주은을 통해 동시에 배웠다. '이해찬주의'에서는 '무시험'이라는 단어가 도드라졌는데, '손주은주의'의 교리는 "수능 만점에 도전하라"였다. 이해찬은 특기·적성대로 살라고 훈계했고, 손주은은 "마음을 집중하면 문제를 풀 때 출제자의 의도까지도 완벽하게 꿰뚫는 경지에 도달할 수 있다"고 설교했다.[10]

그랬다. 1980년대생은 온전한 의미에서 특기·적성 교육을 향유한 적이 없는 세대다. 자율이라며 주어진 시간에 특기와 적성을 '만들었다'. 예체능에 대단한 재능을 갖추지 않았다면 결국 시험부터 잘 봐야 했다. 마침 대입 수시제도가 확산했다. 이해찬 세대가 대입 시험을 치르던 2002~2004년에 수시 전형 비중은 28.8퍼센트, 31.0퍼센트, 38.8퍼센트로 급증했다. 특기·적성은 수시 전형에서 나를 홍보하기 위한 대외 활동으로 활용되었다. 그리하여 이것이 자율의 수혜인지 자기계발의 압력인지 헷갈렸다. 대입 정책은 분명 자율을 표방했는데, 학내 분위기는 여전히 억압적이었다. 문화와 제도가 따로 놀았다.

자율의 배신

시간이 지나자 제도가 문화에 다시 수렴되어갔다. 사설 입시기관의 모의고사가 금세 부활했다. 자율학습이긴 한데 집에 갈 자유는 없는 일상으로 돌아갔다. 그즈음 대입 시험에 대한 두려움과 긴장이 나를 감쌌다. 그 격전지에서 살아남아야 한다고 매일같이 되새김질했다. 손주은이 꺼낸 "책상 앞에 엉덩이를 붙이고 앉아 있는 일에서부터 공부가 시작된다"는 말을 금과옥조처럼 여겼다. 나와 같은 소비자를 겨냥해 사교육 시장은 기민하게 움직였다. 소비자인 우리는 사교육 시장에서 자율성을 가졌으나, 당연히 내가 가진 돈에 따라 취할 수 있는 상품이 달라졌다.

우리가 성인이 되었을 때도 마찬가지였다. 대한민국은 겉으로는 '자율의 장소'였다. 대통령은 개방과 탈권위의 화신인 노무현이었다. 우리는 원하는 전공을 택했고, 원하는 곳으로 봉사활동을 갔으며, 원하는 기업에서 인턴으로 일했다. 그리하여 모든 책임은 우리 개인의 몫이었다. 그 모든 '자율적인 행위'는 입시 전쟁 못지않았던 취업 전쟁의 무기로 사용되었다. 무기의 성능이 내가 겨냥할 기업의 '네임 밸류'를 가늠했다. 너도 나도 경영학을 복수전공했고 자기계발서가 불티나게 팔렸다.

그 모든 것이 싫은 이들은 시험 '한 방'으로 판가름 나는 게 공정하다며 노량진 육교를 건넜다. 그러고 나서 공시생이라는 정체성을 형성했다. 완전히 자율적인 것도 완전히 타율적인 것도 아닌 채 정체된 상황에서 우리는 무력했다. 자기 주도라는 단어가 유행처럼 번졌는데도 개인은 한없이 작았고 늘 시대의 대세에 휘둘렸다.

이해찬은 쏟아지는 비판에 대해 아마도 창의력이라는 단어에 골몰했던 것 같다. 그는 2007년 제17대 대선에 출마한 뒤 『한겨레』와 '100인 유권자위원회' 인터뷰를 했다. 당시 스물두 살, 그러니까 1985년생인 대학생 이정현은 그에게 "'이해찬 세대'라는 말은 젊은 유권자들에게 여전히 큰 인상으로 남아 있고 영향을 끼칠 것으로 생각된다"는 질문을 던졌다. 이에 대해 이해찬이 내놓은 답은 이랬다.

"2003년 경제협력개발기구OECD 국가 학생들의 학력을 측정하는 국제학업성취도평가PISA에서 우리 학생들이 창의력 1위, 읽기 2위, 수학 3위, 과학 4위를 했다고 언론이 격찬을 했다. 바로 그 학생들이 중학교부터 이해찬식으로 교육받은 '정통 이해찬 세대'다. 그런데 왜 학력이 저하되었다고 주장하는지 이해가 되지 않는다. 수능 점수가 곧 학력이라는 시대에 뒤떨어진 일부 주입식 교육 세대들의 잘못된 관념이 학생들의 자신감을 떨어뜨리고 있는데, 나는 '이해찬 세대'가 창의력 세대로 재평가될 것이라 믿는다."[11]

그의 말마따나 수능 점수가 곧 학력은 아니다. 실제로 이해찬식 교육을 통해 창의력이 향상되었다면 그건 나중에라도 재평가해야 할 대목이다. 그런데 그것을 재평가한들 달라질 일이 무엇일까? '이해찬 세대'의 삶에는 창의력을 활용할 틈이 좁디좁았다. 이것이야말로 자율의 배신이다.

제7장

너무 차갑지도,
지나치게
뜨겁지도 않은

정의롭되 정의롭지 않았다

"이민노동자의 경험의 윤곽을 그리고, 그것을 그 노동자를 둘러싸고 있는 물리적인, 그리고 역사적인 상황과 관련시켜보는 것은 지금 이 순간 세계의 정치적 현실을 보다 확실하게 파악하는 일이다. 다루어진 문제는 유럽에 관한 것이지만, 그 의미는 지구 전체에 해당된다. 주제는 부자유不自由이다."[1]

— 존 버거 · 장 모르, 『제7의 인간』

공분의 시대

이명박 정부 임기 초인 2008년 5월부터 8월 사이, 서울 도심에서 대규모 시위가 벌어졌다. 흔히 '광우병 위험 쇠고기 수입 반대 촛불집회'라고 불렸다. 나도 광화문 일대를 헤집고 다녔다. 진보정당 정치인이나 진보 논객이 나타나면 그 뒤를 졸졸 따랐다. 그러다 경찰이 쏜 물대포 탓에 옷이 젖으면 도로 구석에 앉아 선후배들과 캔 맥주를 마시며 옷이 마를 때까지 기다렸다. 해방구 같다는 감흥이 들었다. 거기에는 엄숙함이 아니라 유희가 있었다.

20대라면 으레 한 번쯤은 광화문에 나갔다. 우리는 다른 대학교 축제를 찾아가듯 광화문에 갔다. 10대 고등학생들도 교복을 입고 촛불을 들었다. 지금 와서 세상은 '대중이 광우병 선동에 넘어갔다'고 한다. 상황은 그리 간단치 않았다. 미국산 쇠고기 수입은 방아쇠였을 뿐, 우리는 정권에 분노할 만반의 준비가 되어 있었다.

공분公憤의 시대였다. 우리는 대통령에게 분노했고 그를 조롱했다. 최고 권력자를 두려워하지 않았다. 권력을 사유화한다는 논란에 휩싸인 대통령의 형에게 치를 떨었다. 그것이 정의라고 생각했다. 온라인 공간에는 울분이 가득했다. 나도 그랬다. 울분은 정치를 향한 관심으로 귀결되었다. 그러다 '닥치고 정치'라는 말이 유행했다. 대통령은 전임 정부에 대한 공분에 편승해 '닥치고 경제'를 외치며 집권에 성공한 인물이었다. 그런 그가 '닥치고 정치'의 파고에 휩쓸렸다. 얄궂은 역사의 아이러니였다.

이제부터는 해고에 관한 이야기다. 2009년 6월 2일, 쌍용자동차가 우편으로 노동자 1,056명에게 정리해고 대상자임을 통보했다. 회사 측은 본래 인력 감축 대상이던 2,646명 중 희망퇴직자를 제외한 숫자라고 했다. 엿새 뒤, 추가로 희망퇴직을 신청한 80명을 빼고 976명을 실제로 정리해고했다. 노조는 77일간의 공장 점거 투쟁을 벌였다. '옥쇄파업'이라고 불렀다. 이후 해고자, 희망퇴직자, 그 가족 등 30명이 자살 등으로 숨을 거두었다.

그 비극에 세상이 떠들썩했으나 미국산 쇠고기 수입에 반대해 너도나도 광화문으로 뛰쳐나가던 청년들의 열정은 나타나지 않았다. 14년이 지난 지금, 나에게는 그 문제에 관해 누군가와 대화한 기억이 남아 있지 않다. 실제로 대화를 안 했을 수도 있고, 혹은 시사 상식을 대하듯 잠깐 언급하고 말았을 수도 있다. 비슷한 시기 노무현 전 대통령이 세상을 떠났다. 그날 나눈 대화의 내용과 톤까지 기억하는 걸 보면 기억력의 문제 같지는 않다. 그냥 나는 무심했다.

그로부터 1년 6개월 뒤, 서울 시내 한 사립대학교에서 일하던 비정규직 청소 노동자 170여 명이 집단해고되었다. 대학 측은 "용역업체 측의 계약 포기가 주원인!"이라고 했다. 이내 학교 본관 점거 농성이 시작되었다. 금세 여러 언론을 통해 보도되었다. 총학생회는 청소 노동자들이 농성 중인 현장을 찾아 "공부에 방해되니 집회를 중단해달라"고 했다. 그러면서 비운동권으로 당선되었으니 학생들의 편의를 최우선으로 살펴야 한다는 이유를 댔다.

내가 총학생회장이었다면 어땠을까? 그즈음 이런 생각을 했던 적이 있다. 그리 정의로운 모습을 보이지는 않았을 것 같다. 총학생회장 선거에 나갈 때는 '열린 비운동권'이라고 했고, 필요할 경우 사회단체와 연대할 수 있다고 공언했다. 막상 같은 상황에 처하면 나를 찍어준 유권자 핑계를 댔을 것이다. 단어 '열린'은 의식 있는 대학생임을 포기하고 싶지 않아 나온 고육지책이었다고 생각한다. 조금 더 솔직히 말하면 '사회적 패션'에 불과했다.

당대의 모순을 외면하다

이번에는 2014년에서 2015년으로 넘어가는 겨울과 봄 사이다. 군에서 제대한 뒤 대학원에 복학을 할 즈음이었다. 내가 적籍을 두고 있던 학교에서 청소·경비 노동자가 집단해고되었다. 대학 측이 용역업체와 재계약을 하면서 최저가 입찰을 조건으로 걸었고, 용역업체는 낮은 가격을 써내서 우선협상권을 따냈다. 그리고 비용을 줄이기 위해 청소·경비 노동자 72명 중 23명을 해고했다. 대학 측은 보도자료를 통해 "학교는 근로자를 해고할 수 있는 권한이 전혀 없으며, 해고한 사실도 없다"고 했다. 하청 용역업체의 경영에 관여할 권한이 없다는 논리였다.

그러자 노동자들이 농성을 시작했다. 내가 다니던 대학원이 본관 근처에 있어 그들과 종종 대면하기도 했다. 투쟁 조끼를 입은 중년 여성 노동자들은 눈이 마주칠 때면 "불편하게 해서 미안해요"라고 말했다. 나는 "괜찮습니다", "힘내세요", "별말씀을요", "고생하시네요"를 번갈아가며 답변으로 썼다. 그러고 난 뒤에는 묘한 감정에 휩싸였다. 공동체 문제에 관심 있는 사람처럼 자기 자신을 규정했다고 할까? 막상 별다른 행동은 하지 않으면서……. 의식 있는 사람으로 비치고 싶은 욕망이었을 것이다.

싸움은 쉬이 끝나지 않았다. 점심시간 즈음마다 정문에서는 바로 그 중년 여성 노동자들이 해고는 부당하다는 구호를 연신 외쳤다. 하루, 이틀, 사흘이 지나서도 계속되었다. 정문을 통과할 때마다 그들의 집회를 잠깐씩 지켜보았다. 이윽고 '빨리 가서 논문 읽어야 해'라는 알량한 조급함으로 자리를 떴다. 이내 신축 건물이라 때깔이 남달랐던 중앙도서관에 들어섰다.

도서관은 바깥세상과 단절되어 있었다. 방학이었거나 학기 초였지만 시험 기간처럼 보일 만큼 자리 곳곳에 학생들이 가득했다. 내가 대학에 입학했던 10년 전보다 취업 전선의 경쟁은 더 치열해져 있었다. 4층까지 시위 구호가 들렸지만 학생들은 공부에 열중했다. 그들은 취업 과정에 필요한 '시사 상식'을 채우기 위해 신문과 잡지를 읽었다. 당대의 모순이 응축된 사회 문제는 창밖에 있었는데, 대학생들은 언론에서만 사회 문제를 찾았다.

나도 별반 다르지 않았다. 그때 나는 미디어업계의 프리랜서에 관한 연구에 관심이 많았다. 매일 도서관을 들락거리며 관련 연구를 수집하고 다녔다. 주변을 수소문해 당사자를 찾고 연구용으로 인터뷰를 한 적도 있다. 불안정 노동자들의 시위는 관전하고, 안온한 책상에 앉아 신자유주의가 어떻다느니 노동이 어떻다느니 하는 등의 담론에 몰입했다. 내면에서 꿈틀대던 위선이 도서관이라는 허울을 외피 삼아 행동으로 드러났다. 그즈음 나는 입버릇처럼 공동체를 말했으나 내가 속한 공동체의 이슈에는 무감각했다.

88만원 세대의 기득권

이번엔 공간에 관한 이야기를 경유한다. 나는 2011년 초에 나온 첫 책의 저자 소개에 이런 문장을 썼다. "추운 날이 아니라면, 인사동과 삼청동을 지나 가회동에 이르는 북촌 일대를 걸어 다니며 스스로의 역사·문화적 상상력을 시험해보기를 즐긴다." 그때는 일주일에 1~2번씩 북촌 일대를 걸었다. 옛 도심의 정취를 좋아하는 나에게는 제법 적합한 취미라고 생각했다.

그해 가을의 일이었다. 어두운 낯빛의 중년 사내가 북촌 골목길의 전봇대 앞에서 한참을 서성이는 걸 보았다. 나와 눈이 마주치자 그는 한 사람이 겨우 통과할 법한 더 좁은 골목으로 금세 사라졌다. 그가 서성이던 전봇대에는 인력을 모집한다는 스티커가 붙어 있었다. 건설현장 일용직이라는 글자도 적혀 있던 걸로 기억한다. 그러자 골목 곳곳에 붙은 비슷한 종류의 스티커들이 눈에 들어오기 시작했다.

그러고 난 뒤에야 알았다. 내가 '걷기 좋은 옛 도심'이라 규정했던 그 골목의 구석구석에는 단칸방이 많았다. 그곳에 일용노동자나 이주노동자 여럿이 살았다. 그들은 그 자리에 있었는데 나는 수십, 수백 번을 다녀갈 동안 몰랐다. 나는 그것을 보았는데도 내 생각에 담지 않았다. 나는 '교양 있는 구경꾼'으로서 보고 싶은 풍경만 보았다. 이를테면 내 머릿속에서 그들은 무의식중에 '평온한 산책'을 위협하는 존재로 표상되었을 것이다. 그리하여 그들은 그곳에 살았으나 산책할 자유가 없었다.

공분을 느낀 청년들이 정의의 이름으로 목소리를 높이던 시대에, 노동 문제는 '공분거리'가 아니었다. 어떤 노동자들의 해고와 자살은 공적인 문제에서 손쉽게 비켜났다. 누군가는 비정규직 문제에도 분노했고, 어떤 연예인은 청소 노동자 해고 문제의 이슈화를 위해 애를 썼다. 하지만 그것이 '나꼼수' 멤버로 불린 한 정치인의 구속 수감만큼 대부분 사람들에게 '공분거리'가 되지는 않았다. 공분의 대상은 여과지에서 손쉽게 걸러졌다. 노동시장에서 우리 처지가 비참해졌다고 소리 내어 외치면서도 그 노동시장의 한편에 자리한 현실은 외면했다. 세상이 '88만원 세대'의 삶을 알아주기를 바라면서 지금 88만 원을 받고 있는 사람들의 삶에는 눈을 감았다.

미국의 사회학자 리처드 세넷Richard Sennett이 『뉴캐피털리즘』에서 강조한 바에 따르면, 현대 민주주의의 시민은 소비자와 다름없는 존재가 되었다. 소비자는 대형마트에 가서 고만고만한 제품 가운데 고민하다가 상표만 보고 무언가를 구매한다. 소비자인 시민들 역시 매장에서 물건을 고르듯 정치를 소비한다.

"구경꾼 소비자에겐 어떤 물건을 내 것으로 소유하고 싶다는 열망보다는 지금까지 가져보지 못한 것이기에 갖고 싶다는 열망이 훨씬 더 크다.……새로운 자본주의에서 비롯된 정치의 약점이 바로 무관심이다." 정당의 홍보 전략도 기업의 판촉 비슷한 행위가 되어버렸다. 그래서 세넷은 '플랫폼 정치'라는 단어를 썼다. 같은 플랫폼 안에서 큰 차이가 있듯 사소한 것을 상징적으로 부풀리는 게 제도정치라는 것이다.[2]

그럼에도 소비자인 우리는 시민이기를 포기하고 싶지 않았다. 공적인 문제에 관여하고 싶었기 때문이다. 결국 정치는 소비자와 시민의 정체성 모두에 거슬리지 않는 수준에 한정되었다. '기득권의 부패 혹은 망언'이 딱 그러하다. 그 사람이 소비자건 시민이건, 권력을 가진 자의 일탈은 '보편적으로 분노'해야 하는 대상이다. 하지만 불안정 노동자의 집단해고와 자살은 소비자로서의 정체성과 엇갈린다. '공분거리'로서의 '대중성'에 일정한 한계가 있는 것이다. 소비자이자 시민이고 싶은 청년들에게 해고 문제는 '흥미로운 상품 장르'가 아니었다.

훗날에도 크게 달라진 건 없었다. 30대가 된 우리는 전직 대통령의 비선 실세에 분노했고, 전직 법무부 장관의 위선을 조롱했으며, 부동산 시장의 불평등에 화를 냈다. 그러면서 정치권도, 여론도 관심이 없는 사람들에겐 무심했다. 취업시장의 공정은 주창하되 중장년 노동시장의 비루함에 대해서는 아무런 말도 하지 않았다.

우리는 86세대 운동권이 기득권이 되었다고 힐난하면서 실은 기득권 바깥에 누가 있는지도 몰랐다. 우리 세대도 기득권을 가질 기회를 달라는 말처럼 들렸다. 때로는 불공정에 대한 문제제기인지, 주도권을 갖지 못한데 대한 억하심정인지 분간하기 어려웠다. 정의롭되 정의롭지 않았다. 나도 그 무리에 속했다.

우리 세대의 위선

"평등주의자가 되는 것은 참으로 어렵다. 마음속 깊이 평등주의자가 되는 것은 더 어렵다. 누군가가 평등주의를 내세운다고 하더라도, 그것은 너그러운 강자가 약자에게 내보이는 자선이나 연민의 표면형에 지나지 않은 경우가 흔하다. 어떤 개인들이나 집단들 사이에 첨예한 이해관계가 없을 때는, 다소의 양식만 있으면 평등주의를 실천할 수 있다. 그러나 산다는 것은 갈등의 연속, 이해관계의 엇갈림의 연속이다."[3]

— 고종석, 『서얼단상』

아무 말도 안 하는 사람들

2011년 11월 23일, 서울 공덕동 한겨레신문사 3층에서 소설가 김훈의 강연을 들었다. 김훈의 책을 좋아한 지는 꽤 되었으나, 그를 직접 본 건 이날이 처음이었다. 소문이 사실이어서 놀랐다. 그 소문은, 김훈의 말 자체가 하나의 에세이라는 것이다. 김훈은 말을 할 때도 구어체가 아니라 문어체를 쓰기 때문에 그걸 받아써도 에세이 1편이 완성된다는 이야기였다. 몇 마디를 놀란 채로 듣고 있다가 메모지에 받아 적었다. 도저히 안 될 것 같아 중간부터는 아예 녹음을 했다. 물론 치밀하게 준비해온 원고를 기반으로 하는 말일 테지만, 다른 강연은 원고를 문어체로 준비해도 말은 구어체로 하는데 김훈은 달랐다.

몇 가지 말이 뇌리에 남아 있다. 김훈은 "우리가 글을 쓰는 것은 오늘의 일들이 오랜 세월이 지난 다음에 지나간 시대의 풍문으로 떠돌지 않기 위해서"라고 했다. 그래서 종종 그는 "동시대의 야만성을 우리의 일상성으로 생각하는 건 아닌지 의심한다"고도 말했다. 당대의 야만에 대한 사람들의 무감각함을 우려하고, 자기 자신을 채찍질하는 의미로 이해했다. "우리 시대의 악을 후대가 기록하는 것에 대한 두려움 때문에 말을 한다"고 이야기했을 때, 온전히 그의 작업이 이해가 되었다.

특히 유독 기억에 남는 말은 소설 『남한산성』이 미완성이라는 이야기였다. 『남한산성』에는 척화파와 주화파가 등장하는데, 사실은 그려지지 않은 정말 다수의 사람이 있다고 했다. 바로 '아무 말도 안 하는 자들'이다. 하지만 김훈은 '아무 말도 안 하는 자들'의 이야기를 쓸 수는 없었다고 했다. 그들이 '아무 말도 안 했기' 때문이다. 그들이 한 문장이라도 남겼다면, 자신의 언어로 그들을 그렸을 텐데 그들이 '아무 말도 하지 않았기' 때문에 작가로서 그들을 그릴 수는 없었다고 했다. 그리고 김훈 자신이 그 시대에 있다면, 아마 '아무 말도 안 하는 자'가 되었을 거라고 했다. 지금도 이 말이 생생하다.

질의응답 중 청중이 물었다. 가장 힘든 일이 무엇이었느냐는 취지로 기억한다. 김훈은 살아오면서 견딜 수 없는 시간이 많았다고 했다. 그래도 견뎌야만 했다고 했다. 하지만 후배들은 "견딜 수 없는 것은 견디지 않는 삶을 살길 바란다"고 말했다. 그러고 나서 거기에 단 한마디 덧붙임도 없이 그의 강연은 끝났다.

지인들과 대화할 때면 이 일화를 소개했다. '아무 말도 안 하는 사람들'의 이야기를 발굴하는 기자가 되어야겠다고 다짐했다. 지금은 지키지 않은 다짐이라고 생각한다. 내가 기자로서 살아온 8년여의 시간이 그것을 방증한다.

한국의 기자가 수습 딱지를 떼면 의례히 2가지 관행을 익힌다. ① 육하원칙에 따라 보도 기준을 익혀라. 있는(혹은 일어난) 그대로 써라. ② 출입처를 장악하라. ①은 해설을 하지 말고 객관석 보도를 하라는 뜻이다. 그렇다면 있는 그대로의 사건을 육하원칙에 따라 보도하면 객관성을 실천한 것인가? 그럴 리는 없다. 기자가 세상사의 모든 일을 다루지는 않는다. 이를테면 '있는 그대로'의 일상은 뉴스의 지위를 얻지 못한다. 그 대신 사건이 뉴스가 된다.

뉴스는 왜곡될 수 있다

그런데 사건의 상당수는 만들어진다. 미국의 역사학자 대니얼 부어스틴Daneil J. Boorstin이 일찍이 간파했듯 인터뷰조차 '의사사건擬似事件·pseudo-events', 즉 가짜사건이다. 의사사건이란 미디어에서만 존재할 뿐 실제의 삶에서 별 다른 구실을 하지 않는 사건이나 행위를 뜻한다. 사건을 만들 힘은 대체로 권력의 힘과 비례한다.

권력이 있는 정보원은 뉴스도 직접 만들 수 있다. 미국의 언론학자 마이클 셔드슨Michael Schudson이 비관적으로 서술했듯 "정보원은 그들이 저널리스트들에게 보여주고 싶은 것을 할 수 있는 한 최대한 뉴스처럼 만들어 제공하려고 한다".[4] 물론 예외도 있다. 권력에 대항하는 시민단체가 이슈화를 위해 사건을 만들어내기도 한다. 민주사회를 위한 변호사모임(민변)과

참여연대가 문재인 정부 시절 소위 LH 사태를 공론화한 과정이 딱 그와 같다.

②를 이야기할 차례다. 출입처는 매우 한국적인 현상이다. 연차가 낮은 기자는 각 정부 부처나 대기업 등의 출입처에 배정되는 경향이 높다. 나는 기자 생활 초기 3년간 유수의 대기업을 취재했다. 주로 대기업 소속의 임원과 실무진이 취재원이었다. 기자라면 누구나 '취재원의 관점에 스며들지 마라'는 훈련을 받는다. 그런데 그들과 밥 먹고 술 마시다 보면 내가 상대의 관점에 스며드는지도 모르게 생각이 바뀐다.

언젠가 내가 출입하던 모 기업의 실적 발표 결과를 원고지 6매 안팎 기사로 썼다. 기사에서 "○○이 처음으로 분기 매출액 1조 원을 달성했다고 23일 밝혔다"고 썼다. '달성'이라는 표현 탓에 선배에게 혼쭐이 났다. 보도자료의 논리가 짙게 스민 단어를 썼다는 이유 때문이다. 보도자료의 논리를 늘 의심하라고 배웠지만 이미 익숙해진 것이다.

한국 언론의 편집국 간부들은 기자가 출입처를 옴짝달싹 못하게 해야 한다고 한다. 그러니 '알아두라'가 아니라 '장악하라'는 표현이 나온다. 그것이 싸우라는 의미는 아니다. 출입처의 정보를 타사 기자보다 먼저 받을 수 있을 정도의 관계를 쌓아두라는 것이다. 관계를 쌓기 위해서는 '당근과 채찍'을 골고루 섞어야 한다. 이를테면 이런 지침이 내려온다. "때로는 출입처 취재원이 아주 곤란해할 만한 기사도 써야 너를 무시하지 않는다."

여기서 뉴스는 왜곡된 형태로 구부러진다. 마이클 셔드슨이 잘 갈파했듯 "만약 미디어가 일반적으로 기성의, 그리고 민주적으로 선출된 정부 관료들의 관점과 목소리를 반영하는 것이라면 미디어는 민주적 질서의 중립적인 종복에 불과한 것으로 전락한다".[5]

정부 부처건 기업이건 혹은 사법부건 '홍보 담당자'는 정보 전략가다. 특정 출입 기자에게만 먼저(혹은 독점적으로) 알리는 정보는 있다고 치자. 그 정보의 대부분은 이해관계에 의해 오염된 정보다. 물론 그렇게 오염된 정보조차 '단독 경쟁'에 목이 마른 한국 언론계에서는 상찬賞讚의 대상이 된다. 검찰이건, 정당이건 첨예한 갈등이 도사리고 있는 출입처에는 비일비재하게 일어나는 사례일 것이다.

팔릴 만한 뉴스

지금 나는 대기업이 아니라 정당을 취재한다. 잡지를 만드는 팀 소속이 되어 공식적으로 등록한 출입처는 없으나, 출입처가 있던 시절과 별반 다를 바 없이 일한다. 2021년 4·7 서울시장 보궐선거를 앞두고 한 베테랑 선거 컨설턴트와 밥을 먹었다. 그는 당시 선거에서 야당 쪽 모 후보를 도왔다. 그에게 "이번 선거에서 가장 잘했다고 생각한 캠페인이 무엇이냐?"고 물었다. 의례히 던진 질문이라 '유세 동선을 잘 짰다'거나, '조직 관리가 수월했다' 따위의 답을 들을 줄 알았다. 그런데 이런 말이 돌아왔다.

"상대 후보를 깎아내리기 위해 만든 표현이 언론에 금세 들불 번지듯 퍼지더라고요. 우리 당 경선을 취재하는 모든 기자가 최소 한 번씩은 이 표현을 기사에 쓰던데요."

나도 그 표현을 기사에 쓸 생각이었다. 조회수가 잘 나올 만한 단어였다. 운 좋게도(?) 이날 만남 덕에 쓰지 않을 수 있었다. 상황이 이쯤에 이르면 선거 컨설턴트의 우선순위는 '기자에게 팔릴 만한 선동적 메시지'를 개발하는 것이다. 심하게 말하면 선거 컨설턴트가 만들어놓은 장기판 안에서 기자는 졸卒에 불과하다. 선거의 본질과는 무관한 공방만 조명한다. 공약 실현에 필요한 예산 등을 검증하는 보도가 자리 잡을 틈이 없다. 집요하거나 불편한 질문도 필요 없다. 정치를 취재하는 기자는 정치인의 메시지를 매개하는 도관conduit 노릇을 한다. 메시지를 만들 힘은 정치 엘리트에게 있다. 기자와 엘리트 사이의 담합 네트워크라는 표현은 정치 보도에서 적확한 비평이다. 나도 자유롭지 않다.

한국에서 기자가 되면 누구나 "언젠가 정치를 취재하고 싶다"고 한다. 몇 년 지나면 "정치는 전문성 없는 취재 분야"라는 말을 뱉는다. 해설 대신 자극적 메시지만 좇는 취재 관행 탓에 전문성을 쌓을 통로가 닫혔기 때문이다. 그러니 정치만(정확히는 정치 엘리트만) 취재한 기자는 40대가 되면 길을 잃는다. 맥락과 역사, 배경을 설명할 언어를 계발하지 못한 탓이다. 정치가 민주주의에서 차지하는 위상을 생각하면 얄궂은 일이다.

그리하여 ①과 ②는 서로 긴밀하게 연결되어 있다. 한국의 기자들은 출입처 취재원과'만' 교류하며 '왜why'에 대한 고민

없이 육하원칙에 의거한 기사를 쓴다. 나도 마찬가지다. 출입처 제도를 운영할 만한 기관은 사회경제적 엘리트층이다. 한국에서 '객관적 기사'는 엘리트의 뉴스 파이프라인 노릇을 한다. 나는 '아무 말도 안 하는 사람들'이 아니라, 어떤 말이라도 할 수 있는 사람들과 만나고 어울리며 언론인 행세를 하고 사는 것이다.

일상적 취재 과정에는 더 복잡 미묘한 심리 기제가 작동한다. 기자는 취재원들과 주기적으로 통화하고 밥을 먹으며 술을 마신다. 취재원과의 술자리가 드문 기자는 무능하다는 평가를 받는다. 재벌 취재 전문으로 유명한 한 신문기자는 "재벌 기업과 어울리는 걸 주저하지 말고, 비판하는 것도 주저하지 마라"고 말한다. 그 기자의 커리어를 보면 이 원칙을 지킨 것 같긴 하다. 하지만 보통 기자에게는 말처럼 쉬운 일이 아니다. 그들과 어울리다 보면 세상을 보는 시각도 비슷해진다. 기자 스스로 '나는 예외'라고 믿고 있을 뿐이다.

굴지의 한 재벌 기업은 출입 기자의 고향, 고교, 대학을 파악해 '관리'에 활용한다. 기자와 취재원이 으레 '선후배'가 되고, 서로 경조사를 챙긴다. 기자에게도 유인이 있다. 취재를 위해 권력층과 친밀한 유대 관계를 맺는 게 중요하다고 생각하는 것이다. 즉, 기자와 취재원 사이에는 돈이나 거래 대신 인간관계가 있다. 이내 기자와 취재원은 비슷한 세계에서 살아가게 된다. 몇 년 흐르면 정치 기자는 정치 엘리트의 눈으로, 경제 기자는 대기업 임원의 눈으로 무엇을 보도해야 할지 결정한다. 뉴스가 '아무 말도 안 하는 사람들'의 삶과 멀어질 가능성도 그만큼 커진다.

86세대가 청년 고용을 가로막는가?

한때 86세대 비판이 인기였다. 나도 그 비판의 대열에 서 있었다. 정치권이 자극적으로 활용하긴 했으나, 나는 지금도 86세대 비판에 일리가 있다고 생각한다. 예를 들어 김정훈·심나리·김항기가 쓴 『386 세대유감』에는 1990년대 초반 1960년대생의 평균 소득은 758.5만 원으로 당시 1인당 GDP 대비 약 120.3퍼센트 수준이었으나 1980년대생의 20대 후반 평균 소득은 1인당 GDP 대비 77.9퍼센트라는 대목이 나온다.

즉, 86세대는 경제 규모보다 약 20퍼센트 높은 수준에서 사회 생활을 시작했고, 1980년대생은 약 20퍼센트 낮은 수준에서 사회 초년생 시기를 버텨냈다는 이야기다.[6]

이철승 서강대학교 사회학과 교수는 정준호 강원대학교 부동산학과 교수, 전병유 한신대학교 사회혁신경영대학원 교수와 함께 2020년 『한국사회학』에 「세대·계급·위계 II: 기업 내 베이비부머·386세대의 높은 점유율은 비정규직 확대, 청년 고용 축소를 초래하는가?」라는 논문을 실은 적이 있다. 그들은 2005~2017년 한국노동연구원의 사업체 패널 데이터를 활용해 각 기업의 50대 이상 비율, 30대 이하 비율, 비정규직 비율 간 상관관계를 실증 분석했다.

그 결과 86세대를 중심으로 50대 이상 장년 고령층이 증가했고, 30대 이하 청년층은 감소했다. 높은 임금에 직장 내 고령화까지 겹치면 기업에 비용 위기가 발생했다. 50대 이상 장년 직원 비중이 높은 기업은 비정규직 비율을 더 높였다는 게 입증되었다. 무엇보다 2015년 기준 쉰다섯 살 이상 비중이 높은 기업에서 연공임금 기울기가 가파를수록 청년 고용을 줄였다. 그들은 "2000년대에 급상승한 연공 위주 호봉제의 기울기

자체를 완만하게 만들어 연차에 비례하여 연장자에게 돌아가는 과도한 상승분을 청년 고용과 비정규직의 정규직화에 사용해야 할 것"이라고 결론 냈다.[7]

86세대 정치인들이 기득권이 되었다는 주장은 이제 더 떠드는 게 무의미할 정도다. 국회의원 몇 명이 86세대라느니, 정치권에는 몇 명이 있느니 등의 기사가 식상해진 시대다. 내가 만나온 대기업 임원과 정치인도 대부분 86세대다. 나는 평소에 그들과 어울리고 그들에게서 정보를 얻는다. 부지불식간에 그들의 논리를 체화하기도 했다. 막상 기사를 통해 그들을 비판할 때는 나 자신을 '고달픈 청년 세대'의 자리에 놓는다. 나는 그들과 마주 앉아 인터뷰를 할 수 있고, 쉽게 전화도 걸 수 있으며, 필요할 때는 화를 낼 수도 있다. 단지 기자라는 이유만으로. 그러니 그들이 기득권이면 나 역시 기득권에 속한다.

86세대의 특권 탓에 처지가 어려워진 청년도 이제는 내 정체성이 아니다. 나는 이미 주택과 자동차를 가진 중산층이 되었고, 한국 사회에서 '좋은 직장'으로 평가받는 회사에 다니며, 명문이라 불리는 사립대학교에서 박사과정을 밟고 있다. 아이가 있는 3인 가족이 큰 불편함 없이 살고 값비싼 대학원 박사

과정도 등록할 수 있을 만한 돈을 번다. 나는 단계를 건널 때마다 기뻤다.

그런데 때로 면구스럽다. 86세대가 여전히 기득권에 맞서 싸우는 '투사'로 자처한다고 조소해왔는데, 나 역시 내가 가진 건 잊은 채 어설픈 정의를 되뇐다. 중산층인 채로 정의롭게 살고자 애쓰는 건 좋은 일이다. 다만 그 정의가 취사선택일 경우라면 문제가 달라진다. 김훈의 구분대로라면 나는 척화파와 주화파가 벌이는 공방의 한쪽에서 '플레이어'로 뛰면서 '아무 말도 안 하는 사람들'의 편인 양 행세한다. 이런 상황을 설명할 수 있는 단어는 '위선' 말고는 떠오르지 않는다.

꿈의 독재를 넘어

"'비정규직 없는 세상'이라는 목표는 어떤가. 이는 7년째 공고화된 '비정규직 800만 명대'라고 하는 현실에선 아름다운 꿈이 될 수밖에 없다. 그 꿈을 추구하는 건 좋은 일이지만, 꿈과 현실을 구분하여 현실에 걸맞은 대안 모색도 병행해야 하는 게 아닌가? 즉 비정규직도 지금보다는 훨씬 나은 조건으로 먹고살 수 있게끔 하는 길을 찾아야 되는 게 아니냐는 것이다. 그런 고민을 하는 건 '비정규직 없는 세상'이라는 목표를 흔들 수 있기 때문에 외면해야 한다면, 이는 '꿈의 독재'라고밖에 달리 표현할 길이 없다."[8]

— 강준만, 「꿈의 독재」

상위 1퍼센트와 상위 20퍼센트

21세기가 열리고 중학교를 졸업할 무렵, 무적無籍 신분이 될 뻔했다. 당시 제주에서는 시내 인문계 고등학교를 가려면 중학교 내신성적이 백분율로 상위 50퍼센트 안에 들어야 했다. 공부는 잘하게 생겼으나 성적이 50퍼센트 언저리에 머물던 나는 담임교사에게서 실업계 고교나 교외 인문계 고교로 가야한다는 지도를 받았다. 그러나 나는 무슨 배짱인지 그 학교에 지원하지 않았다. 그러다 겨울 끄트머리에 내가 원하는 고등학교에 누군가 등록을 안 한 사실을 알게 되었다. 그 자리로 내가 들어갔다. 나는 인문계 고교에 꼴찌로 입학했다.

3년 뒤, 1988년생인 친한 동생 N이 고등학교에 지원할 무렵이었다. 나와 같은 중학교에 다녔고, 내신성적 백분율은 52퍼센트였으며, 사는 곳은 물론 집안 배경도 비슷했다. N도 시내 인문계 고교에 진학하고 싶었다. 애석하게도 내가 누린 행운이 그에게는 가지 않았다. N은 실업계 고교에 우등생으로 입학했다. 내가 기자로 입사할 즈음 N은 비정규직으로 일했다. 30대 중반인 그는 지금도 비정규직이다. 찰나의 행운이 계급적 배경이 동일한 두 사람의 길을 갈랐다. 아버지는 20년이 지난 지금도 그 일을 상기하며 내 앞에서 "운이 좋았다"고 읊조린다.

리처드 리브스Richard Reeves는 『20 VS 80의 사회』를 통해 미국에서 연간 소득 11만 2,000달러 이상의 상위 20퍼센트가 나머지 80퍼센트와 격차를 벌리고 있다고 꼬집었다. 누가 상위 20퍼센트인가? "기자, 학자, 기술자, 경영자, 관료들, 이름 앞에 PhD, Dr, MD 같은 알파벳이 붙는" 소위 '먹물'이란다.[9]

문제는 그다음이다. 상위 20퍼센트는 '능력주의 사회'가 신념이라고 외친다. 그러면서 슈퍼리치가 미국을 좌지우지하는 게 문제라고 말한다. 자신들은 노력을 통해 지위를 획득했으니 '상위 1퍼센트'와 다르다는 이야기를 하고 싶은 것이다. 상위 20퍼센트는 사회가 평등해져야 한다고 '입'으로 외친다. 실은 자녀가 상위 20퍼센트에 머물도록 하려고 부단히 '유리 바닥'을 깔아준다. "희소한 기회를 반反경쟁적인 방식으로 분배"하면서도 자신은 정당하다고 우긴다. 사실상의 시장 왜곡이다.

상위 20퍼센트의 위선은 '트럼프 시대'의 동력이 되었다. '트럼피즘Trumpism'의 연료는 '리무진 리버럴'에 대한 거대한 반감이었다. 리브스는 "트럼프 지지자들은 부자에 대해서는 아무 유감이 없었다. 그들의 적은 부자가 아니라 중상류층 전문직 종사자들"이었다고 말한다.

나의 사례가 말하듯 격차의 출발선에서는 우연과 운이 많이 작동한다. 그렇게 좋은 출발선을 확보하고 나면 점점 더 많은 기회를 확보할 여지가 생긴다. 그것은 능력이 아니다. 더욱이 1980년대생이 살아온 한국은 시간에 비례해 기회가 줄어든 사회다. 기회가 줄어든 시장은 전장이다. 그중에서도 우리 세대는 노동시장에서 전사가 되어야 했다. 한 번 불리한 길에 들어서면 반전의 계기를 찾기가 어려웠다.

비정규직 시대

누군가는 만악萬惡의 근원이 1997년 IMF 외환위기라고 생각한다. 2020년 6월 22일 인천국제공항공사가 1,900여 명의 보안검색 요원을 직고용하겠다고 발표하자 세상이 떠들썩했다. 그즈음 김두관 의원이 민주당의 '입' 노릇을 했다. 그는 6월 26일 페이스북에 "IMF 이후 비정규직 양산과 같은 비참한 실수를 되풀이하지 않겠다고 다짐해야 할 시기인데, 반대로 공정의 탈을 쓰고 비정규직 차별을 당연시하는 일들이 벌어지고 있다"고 썼다.

사실이 아니다. 이념의 외피를 벗겨내면 다른 장면이 보인다. 전체 임금노동자 중 비정규직 비중이 높아지기 시작한 때는 1995년이다. 1986~1988년 3저 호황에 힘입어 수출이 늘면서 경기가 고속 상승세를 탔다. 민주화 직후인 1987~1989년에는 명목임금이 급격히 올랐다. 그 와중에 업종 전환과 자동화 등 비즈니스 환경에 불확실성이 커지기 시작했다. 기업으로서는 유연성을 확보할 필요가 있었다. 이에 노동 비용을 절감하려고 '신新인사관리'를 도입했다. 직무에 따라 선별한 핵심 인력만 정규직으로 채용하는 고용 문화가 확산했다. IMF 외환위기는 그와 같은 변화에 속도를 더하는 계기였다.[10]

이는 보수정당 의원을 비롯해 노동경제학자와 노동법학자 등 4명이 함께 쓴 『노동의 미래』에 나오는 이야기다. 노동에 관해서는 진보를 자처하거나 대형 노조 쪽 싱크탱크에 속한 학자들의 책이 많이 읽힌다. 그런데 이 책을 읽고 균형 잡힌 시각을 갖는 데 도움이 되었다. 즉, IMF라는 외생 변수가 아니라, 변화하는 경제 상황에 따른 개별 기업의 대응이 '비정규직 시대'의 시발점이다. 내가 하고 싶은 말은 이런 것이다. 비정규직 문제는 입체적으로 접근해야 한다. 진영의 시각을 걷어내고 담담히 직시할 필요가 있다. 기술혁신으로 산업 고도화가 이어지면 기업의 인사 전략은 달라질 수밖에 없기 때문이다.

그런데 김두관은 상황을 단순화하고 전선을 펴는 데 능했다. 그는 6월 27일 "보수 정권이 만든 '비정규직의 나라'에 대해 조금이라도 미안한 마음이 있다면 가만히 계셨으면 한다. 문재인 정부는 지금 그걸 고쳐나가느라 정신이 없다"고 했다.

보수 진영의 공세에 응답하는 과정에서다. 이 책에 누차 썼지만 그가 40대에 행정자치부 장관으로 재직한 노무현 정부 때 비정규직이 급증했다. 1980년대생이 성인이 된 무렵이다. 이는 통계로 드러나는 팩트다.

인내심을 갖고 김두관의 말을 좀더 들어보자. 그는 '국민 모두에 동등한 입사 기회를 주라'는 취지의 주장에 "비정규직 노동자들을 내보내고, 일반 취준생과 똑같이 경쟁해서 정규직을 새로 뽑아야 한다는 논리는, 도대체 얼마나 좋은 대학을 나와야 터득할 수 있는 건지 매우 궁금하다"고 썼다. 또 "이게 '정규직 신규 채용'이지, 어떻게 '정규직 전환'인가?"라고 되물었다.

여기에도 맹점이 있다. '전환'의 의미를 사람 중심으로만 해석하고 있어서다. 노동경제학자들이 보기에 비정규직 노동자를 정규직 노동자로 전환하는 것과, 비정규직 일자리를 정규직 일자리로 전환하는 것은 구분해야 한다. 동어반복 같지만 의미는 판이하다. 비정규직의 정규직화가 목표라면 먼저 비정규직이 담당하던 직무를 정규직 담당 직무로 전환하고, 공평한 기회를 부여하는 절차를 통해 그 직무에서 일할 사람을 뽑았어야 한다는 이야기다.

인천국제공항공사가 입길에 오르자 당시 황덕순 청와대 일자리수석은 방송에 나와 "국민의 생명 및 안전과 관련이 있는 3,000개의 업무는 직접 고용으로 전환하고 7,000개는 아쉽지만 자회사를 통해서 전환하기로 결정했다"고 말했다. 나는 이 말에 찬성한다. 다만 전환의 문門은 울타리 바깥으로도 개방되었어야 했다. 오래 일한 기존 직원에게는 가산점을 주어 반걸음 정도 앞에서 경쟁하도록 시스템을 설계하면 된다.

공개 경쟁 대신 기존 직원만 기회를 얻는 일괄 전환 채용은 공정하지 않다. 왜 그런가? '사람의 정규직화'는 권력자가 일부에만 시혜처럼 제공하는 '로또'가 된다. 그 사이로 '유리바닥'이 형성될 틈이 생긴다. 이러면 경력 없는 청년이 노동시장에 진입하기가 어려워진다. 더딘 경제성장에다 기계화·자동화까지 겹쳐 일자리는 갈수록 줄고 있다. 1980년대생과 1990년대생, 아마도 높은 확률로 2000년대생까지 직면할 현실이다. 비정규직을 없애겠다는 '진보적 대안'이 정책 효과를 낼 가능성도 그만큼 줄어든다.

비정규직 없는 세상은 가능한가?

이제 또 다른 정치인의 이야기로 넘어가자. '비정규직 없는 세상'이란 구호에 토를 다는 것은 진보의 금기다. 그러나 정의당의 조성주는 생각이 다르다. 2015년, 정의당 당대표에 출마해 17.1퍼센트를 얻었던 바로 그 조성주(1978년생)다. 2022년 6월 그를 만나 이 문제에 관해 물은 적이 있다. 그는 서울시 노동협력관으로 일하며 비정규직의 정규직화 업무를 다루어본 경험이 많다고 했다. 그래서인지 답변이 유독 인상적이었다. 한국 사회가 귀담아들을 이야기라고 생각했다. 그의 말을 요약해 소개한다.

"비정규직이라는 단어가 온전한 학술 용어는 아니에요. 정규직이 아니어서 비정규직이죠. 그럼 정규직은 무엇을 의미할까요? 고용 안정성의 의미는요? 이번 주에 일하고 다음 주에 쉬는 플랫폼 노동자는 실업자인가요? 그러니까 너무 다양해진 거예요. 2000년대 초반 만들어진 비정규직이라는 단어가 불안정 노동 남용 문제를 시정하는 효과는 냈다고 생각해요. 그런데 예를 들어 플랫폼 노동자를 모두 정규직화하는 게 답인가? 그렇지 않다는 거죠. 오히려 사회안전망을 촘촘히 짜고 그 나름으로 룰을 세팅해주어야 합니다. 프리랜서 노동에서도 지켜야 할 룰이라는 게 있지 않습니까? 3개월간 업무를 하기로 했는데, 클라이언트 사정으로 2개월 만에 종료했으면 남은 임금을 줘야 할 거 아니에요. 이런 룰을 세팅해주어야 하는데, '정규직화'라는 주장이 그런 논의를 다 납작하게 만들어버립니다. 정규직화는 회사의 직원이 되는 건데, 그럼 복지나 임금 격차는 어떻게 할 거냐는 문제가 딸려 와요. 정규직화하는 직무의 업무가 다 다르잖아요. 우리는 직무급 체계도 아니니 모두 가장 위를 봐요. '나도 가장 많이 받는 저 사람처럼 받아야지.' 이렇게 되어버리니 모두 위를 향해 질주해요. 그러니 정규직화로 정규직이 된 뒤에 다음 정규직화에는 반대해요. 정규직 사이의 임금 격차가 정의롭고 공정한지에 대해 진보의 답이 없는 상황에서 무작정 정규직화를 때려 넣으니까 안에서 갈등이 생기죠. 갈등은 나 몰라라 하고 정치는 빠지는데, 정말 나쁜 거죠. 이 상황에서 진보가 말하는 '비정규직의 정규직화'는 해당 기업 정규직이 받는 임금과 복지만큼 비정규직에 해달라는 거예요. 그런데 공공부문, 특정 대기업과 나머지 기업 사이의 임금과 복지의 격차가 너무 큰 거죠. 중소기업 정규직보다 대기업 비정규직이 더 많이 받잖아요. 그럼 중소기업 정규직 처지에서 '정말 비정규직이 문제냐'라고 물을 수 있죠."

한국은 왜 이렇게 되었을까? '꿈의 독재' 체제 치하에 있기 때문이다. 한국은 1950년대 농지개혁으로 '평등한 자영농의 나라'가 되었다. 자영농의 자식들이 맨손으로 산업화와 민주화를 일구었다. 산업화는 보수적 꿈을, 민주화는 진보적 꿈을 상징한다. 지금은 어떤가? 보수적 꿈은 남과 경쟁해 이겨내라고 부추긴다. 대기업과 공기업 정규직을 더 늘릴 수는 없으니 그 자리에 어떻게든 들어가라고 채근한다. 진보적 꿈은 불평등이 사라진 세상을 만들자고 한다. 모든 비정규직을 대기업과 공기업 정규직처럼 만들어야 '정의가 강물처럼 흐르는 나라'가 된다고 소리친다.

한쪽은 인간이 가진 욕망을 극단적으로 자극한다. 한쪽은 인간이 자연스레 가진 세속적 욕망마저 멸시한다. 보수는 경제 만능의 꿈을, 진보는 정치 만능의 꿈을 꾼다. 보수는 적자생존의 삶이 불가피하다고 선동한다. 진보는 등대처럼 자신을 따라오라고 훈계한다. 그런데 훗날의 꿈을 위해 현재의 삶이 유예되어야 한다면 그렇게 쟁취한 삶이 대체 무슨 의미가 있겠는가?

다시 1988년생의 이야기다. 동생 N은 가끔 이런 말을 했다. "나는 몸이 많이 힘들지는 않은 일 하면서 마흔 살 되었을 때 세후 기준으로 월급 200만 원만 유지하는 게 목표야." 그럴 때마다 나는 무슨 말을 해야 할지 몰랐다. 고민을 거듭하다 이렇게 말했다. "그래, 일주일에 너무 많이 일하지 말고 네가 원하는 돈만 벌어서 여행도 많이 다니고 연애도 많이 하고 공연도 많이 보고 다녀. 그럼 행복한 인생 아닐까?"

과연 옳은 말이었는지, 혹 한가한 소리로 비치진 않았을지 지금도 걱정이다. 다만 '비정규직 없는 세상'이란 구호가 N에게 공허하다는 것쯤은 알고 있다. 어쩌면 N에게 필요한 건 비정규직이기 때문에 시급은 정규직보다 더 많이 받는 삶, 노동이 끝난 이후에는 자신을 위해 온전히 투자하는 삶이 아닌가?

호주의 노동시장은 실제로 그렇게 돌아간다. 2022년 7월 1일부터 시작된 호주의 2023년 회계연도 법정 최저임금은 21.38달러다. 이 중 캐주얼casual로 불리는 비정규직은 25퍼센트를 가산해 26.73달러의 최저임금을 적용받는다. 이 제도를 호주에서는 캐주얼 로딩Casual Loading이라고 부른다. 비정규직은 정규직과 달리 4주 유급휴가나 병가가 제공되지 않기 때문이다. 정규직이 누리는 혜택을 제공받지 못하는 만큼 돈으로 보상하는 것이다.[11]

호주는 했는데 한국이 못하겠다면 정치가 존재할 이유가 없다. '서늘한 현실'보다는 조금 위, '아득한 꿈'보다는 조금 아래 자리하는 삶은 가능하다. 너무 차갑지도, 지나치게 뜨겁지도 않은 미지근한 삶을 목표로 살아도 된다. 정규직의 안정성과 비정규직의 고임금 중 하나를 택할 수 있었다면, 1980년대생이 노동시장에서 느낄 공포는 반감되었으리라.

'비정규직 없는 세상'이란 구호가 회자된 지도 15년이 넘었다. 그럼에도 나는 여태 1980년대생이 통과해온 현대사를 비정규직이라는 키워드로 이해한다. 아마도 이 책에 가장 많이 쓰인 단어가 있다면 그건 비정규직일 것이다. 목 놓아 개혁을 외친 사람은 많았으되 문제는 해결되지 않았다. 그렇다면 장밋빛 구호를 폐기할 때도 되었다. 1990년대생과 2000년대생의 현대사는 달라야 하니까.

에필로그 사다리 올라타기

월급쟁이의 삶은 건조하다. 나의 밥벌이도 다르지 않다. 나도 여느 월급쟁이와 마찬가지로 매일 아침 회색 도시 속으로 몸을 밀어넣는다. 지독히 진부하다. 다행히 시간은 소멸을 운명으로 짊어지고 있다. 억겁 같은 하루도 끝내는 저물고 만다. 꾸역꾸역 살면 경력이 쌓인다. 가히 물리학적 법칙에 가깝다. 그러니 나는 오늘도 버틴다. 그런 나에게 5년 전 초여름은 그 법칙을 처음으로 어긴 때였다.

2018년 6월 12일, 나는 다니던 회사를 그만두었다. 사직은 처음이어서 절차에 무지했다. 사직서를 내는 대신 담당 부장에게 구두로 알렸다. 지금의 회사에서 '경력 기자 공채 합격 통보'를 받고 난 직후였다. 기뻤으나 두려웠고, 들떴으나 초조했다. 웃는 낯빛 사이로 그늘이 드리웠다. 내 선택의 향배를 가늠하지 못해 불안했다.

그날, 편집국장과 예정에 없던 점심을 먹었다. 신사동 어느 골목길 허름한 식당이었다. 뜨끈한 사골 국물 맛이 아직 입가에 맴돈다. 그 자리에서 "좋은 기회가 될 것"이라는 취지의 이야기를 들었다. 외근 중이던 대표이사와는 통화를 했다. 편집국장이 대표이사에게 전화를 걸어 나를 바꿔주었다. 그는 옅은 웃음기를 머금은 채 "막을 명분이 없네"라면서 흔쾌히 나를 놓아주었다. 그들은 퇴사하는 직원의 앞날을 격려했다. 고마웠다.

그 회사에서 나는 인사고과가 좋았다. 연차에 비해 많은 기회를 누렸다. 빈 캔버스에 그림 그리는 재미가 있었다. 그럼에도 이직하겠다고 생각한 이유는 '돈'이었다. 초봉이 낮아 10퍼센트대 인상률을 기록해도 상승액이 적었다. 옆 팀에 속한 또래 기자와 '마흔 살이 되었을 때 연봉이 얼마일까?'에 대해 이야기한 적이 있다. 그도 나도 결혼을 계획했고 내 집 마련을 꿈꾸었다. 받을지 말지 모를 성과급을 빼면 대기업 신입사원 초봉에 겨우 도달할 것 같았다. 눈을 부릅떠도 사다리가 보이지 않았다. 큰 회사로 가야 했다.

쉴 틈이 없었다. 퇴사 후 엿새 만에 새 회사에 출근했다. 같은 연차 기자보다 적은 연봉을 받았다. 나는 호봉제가 사라진 시대에 살았다. 경력직 연봉은 전 직장 연봉을 기준으로 산정되는 터였다. 예상했던 바였고, 불만도 없었다. 다만 남이 걸을 때 뜀박질하면서 격차를 줄여야 한다는 거대한 무게가 나를 짓눌렀다. 아등바등 일했다. 몇 년이 지나니 사다리가 보일 만큼의 수준에는 다다랐다. 어쨌든 나는 '영끌'할 기회라도 누렸으니까.

그런 나도 영끌족 안에서 최상단에 속하진 못한다. 1등급은 서울 강남 3구(강남구·서초구·송파구) 아파트를 매입한 30대다. 서울 강북권이나 수도권 신도시 아파트를 매입한 30대는 2등급이다. 서울 강북권 빌라를 영끌한 나는 3등급 이하로 분류된다. 내가 삼성전자에 다녔어도 처지가 달라졌을 것 같지는 않다. 2022년 삼성전자 임직원 연간 평균 연봉은 약 1억 3,800만 원이다. 30대 임직원 연봉이 1억 원이라고 가정하면, 월 평균 수령액은 650~660만 원이다. 1억 원 연봉자가 대출과 근로소득만으로 서울의 아파트를 구매하기는 불가능하다.

취업 전쟁을 뚫고 대기업·공기업에 입사해도 상층에 오르는 길은 멀고 험하다. 나처럼 중소기업에서 시작하면 이직을 거듭해야 '영끌할까?' 하고 생각할 여지라도 생긴다. 노동시장 최상층과 자산시장 최상층은 곧이곧대로 포개지지 않는다. 고학력·고소득은 더는 자산가로 가는 지름길이 아니다. '대기업 흙수저'라는 신조어가 나온 배경이다.

그전까지 부의 대물림이 없었다는 이야기가 아니다. 다만 과거에는 세습족과 스스로 사다리를 올라탄 사람이 공평하게는 아니어도 해볼 만한 경쟁을 했다. 개인의 역량에 따라 역전의 가능성이 존재했다. 개인이 가진 건전한 욕망이 한국 경제의 역동성을 만들었다. 지금은 세습을 경유하지 않고 내 명의의 아파트에 살기 어렵다. 물려받은 부를 손에 쥔 채 출발하는 사람과 '나 홀로' 출발하는 사람 간의 격차는 또렷해졌다. 불행히도 한국 사회는 세습이 아니고는 피라미드 위로 가기 어려운 곳이 되어가고 있다.

해제 30대가 맞이한 공포에서 나오기 위하여

우석훈(경제학자, 『88만원 세대』 저자)

저자는 1986년생이다. 공교롭게도 나는 그해에 대학에 들어갔다. 30대 후반에 당시 20대에 대한 연구를 해서 『88만원 세대』를 썼는데, 저자가 이 책을 쓴 나이도 그 시절의 나와 비슷한 것 같다. 지금의 86세대가 30대이던 시절, 보수언론은 '386'이라는 이름을 붙여주었다. 지금의 30대는 변변한 이름도 없이 'MZ세대'라는 이름으로 20대와 한 덩어리로 묶인다(일본에서는 실제로 '덩어리'라는 의미의 '단카이團塊 세대'라는 용어가 사용되었다).

삼미남, 즉 30대 미혼 남성이라는 용어는 이 책에서 처음 보았다. 30대를 나누면, 결혼한 30대, 30대 미혼 여성, 30대 미혼 남성, 이렇게 세 집단으로 나눌 수 있을 것이다. 그들이 한국 사회의 중추가 되는 40대가 되었을 때는 어떠한 삶이 펼쳐질까? 그리고 그들이 한국 사회의 최정점에 달하는 50대가 되었을 때에 어떠한 사회가 되어 있을까? 그들이 20대일 때, 한국이 아직 호황일 때, 나는 더 많은 자원과 재화가 다음 세대에게 투자되어야 한다고 생각했다. 그러나 그런 일은 벌어지지 않았다.

저자가 우리에게 펼쳐 보여주는 한국의 현실은 문재인 정권 시절에 벌어진 부동산 문제로 결국 많은 것을 유예한 채로 살아가거나, 저자처럼 '영끌'로 인플레이션 시대를 맞이하게 된 젊은 부부들이다. 그 상태로 인구 감소 특히 다음 세대가 급격히 줄어드는 충격을 받게 된다. 내가 그 세대에 속했다면 매우 공포스러울 것이다.

좋은 경제는 지역적으로 분산이 되고, 영역별로 다양성이 높아지는 경제다. 그렇지만 지금 우리가 보는 현실은 지방은 붕괴하고, 수도권으로 집중이 되는 과정을 보고 있다. 지역의 다양한 학교들은 문을 닫고, 남은 학교들도 뭔가 새로운 시도를 하기에는 너무 열악하다. 그러면 그럴수록 1990년대 일본이 '리조트법'으로 상징되는 지역 토건으로 관광 활성화를 외치다가 결국 '잃어버린 20년'으로 들어간 것과 너무 똑같은 일이 한국에서도 벌어지고 있다. 사람에게 돈을 쓰는 것을 너무 아까워하는 일이 데자뷔처럼 진행되고 있다. 최근 설악산 오색 케이블카가 40년 만에 풀렸다. 40년 전과 지금의 차이는? 경제가 더 어려워진 것 아닌가?

평균적인 30대에게 복지는 너무 멀고, 시장은 너무 좁아졌고, 공동체는 잔소리만 하는 아저씨들로 가득 찼다. 그들이 해볼 수 있는 건 국가의 정책을 바꾸는 선거와 정치에 참여하는 것 정도 아니겠는가? 민주당은 조국 사태 이후로 정나미가 떨어졌고, 특권층 검사들이 주도하는 윤석열 정부가 경제에 희망이 될 것 같지도 않아 보인다.

저자가 차분하게 펼쳐 보이는 30대들의 삶은 눈물마저도 메말라 버릴 듯한 꽉 막힌 현실이다. "주여, 어디로 가오리까?" 그래도 30대가 맞이한 공포스러운 경제 현실과 냉혹한 사회가 이렇게 논의 테이블에 올라온 것이 반갑다. 우리는 싫어도 논의하고 논쟁해야 한다. 이야기를 하지 않으면 아무 일도 벌어지지 않는다. 더 많은 한국의 30대가 이 책과 함께 지옥 같은 경제를 개선하기 위한 시끌벅적한 논의를 할 수 있기를 바란다.

혼자서 힘들고 괴로워하거나 외로워한다고 해서 정부가 먼저 바꿔주는 일은 없다. 공포스러워도 지금 이야기해야 미래가 덜 공포스러워질 것이다. "요즘 애들 같지 않아." 이런 이야기를 듣고 침묵해도 경제 현실은 나아지지 않을 것이다. 이 책이 시대 논의의 분기점이 되기를 희망한다. 진보와 보수가 중요한 게 아니라, 누가 현실을 바꿀 것이냐가 문제다. 30대 버전의 '흑묘백묘黑猫白猫' 시대가 이 책과 함께 오면 좋겠다.

주

프롤로그

1 정아람, 「한강 "우리 삶은 정치적인 것과 개인적인 것이 구별되지 않는다"」, 『중앙일보』, 2019년 9월 29일.

2 데이비드 브룩스, 이경식 옮김, 『두 번째 산: 삶은 '혼자'가 아닌 '함께'의 이야기다』(부키, 2020년), 532쪽.

제1장

1 장류진, 『달까지 가자』(창비, 2021년), 72쪽.

2 김애란, 「서른」, 『비행운』(문학과지성사, 2012년), 293쪽.

3 장민지, 「유동하는 세계에서 거주하는 삶: 20, 30대 여성 청년 이주민들의 '집'의 의미와 장소화 과정」, 연세대학교 커뮤니케이션대학

원 박사학위 논문, 2015년.

4 최양선, 『세대주 오영선』(사계절, 2021년), 112쪽.

5 최현주, 「전문가 15명이 꼽았다…文 정부 최악의 부동산 대책은 7·10 대책」, 『중앙일보』, 2020년 7월 26일.

6 윤종석·김동규·홍국기, 「주택 임대차 시장 대변혁 예고…전월세 시장 잡힐까」, 『연합뉴스』, 2020년 7월 6일.

7 강석희, 「길을 건너려면」, 『우리는 우리의 최선을』(창비, 2021년), 72쪽.

8 구민기·이광식·최세영, 「"나만 벼락거지 될까 영끌했는데…" 1년 도 안 돼 '눈물의 급매'」, 『한국경제』, 2022년 7월 22일.

9 지그문트 바우만, 권태우·조형준 옮김, 『리퀴드 러브: 사랑하지 않 을 권리』(새물결, 2013년), 23쪽.

10 김대호·윤범기, 『결혼불능세대: 투표하고, 연애하고, 결혼하라』 (필로소픽, 2012년), 33쪽.

11 구특교, 「30대 男 절반이 '삼미남'…"결혼? 내 행복에 투자할래 요"」, 『동아일보』, 2021년 10월 23일.

12 조현숙·정진호, 「취업 가장 고달픈 세대는 '삼대남'…2년 연속 일 자리 최대 감소」, 『중앙일보』, 2022년 1월 17일.

13 준 카르본·나오미 칸, 김하현 옮김, 『결혼 시장: 계급, 젠더, 불평등 그리고 결혼의 사회학』(시대의창, 2016년), 136쪽.

14 허석재, 「제20대 대통령 선거 분석」, 국회입법조사처, 2022년 8월 26일.

15 버나드 마넹, 곽준혁 옮김, 『선거는 민주적인가: 현대 대의 민주주의의 원칙에 대한 비판적 고찰』(후마니타스, 2004년), 269쪽.

16 강원택, 「2022년 대통령 선거에서의 이슈: 문재인 정부 부동산 정책 평가를 중심으로」, 『EAI 워킹페이퍼』, 2022년.

17 조귀동, 「민주당을 지지한 불혹의 이유들: 2030세대와 달랐던 40대 표심, 노동·자산·복지에서 처한 상황이 갈라」, 『한겨레21』, 2022년 4월 9일.

18 토마 피케티, 장경덕 옮김, 『21세기 자본』(글항아리, 2014년).

제2장

1 홍춘욱·박종훈, 『밀레니얼 이코노미』(인플루엔셜, 2019년), 166쪽.

2 찰스 굿하트·마노즈 프라단, 백우신 옮김, 『인구 대역전: 인플레이션이 온다』(생각의힘, 2021년), 162쪽.

3 앤 헬런 피터슨, 박다솜 옮김, 『요즘 애들: 최고 학력을 쌓고 제일

많이 일하지만 가장 적게 버는 세대』(RHK, 2021년), 25쪽.

4 송광섭·이종혁, 「행시 합격 1년 뒤 학원강사 이직…2030 세종 관
가 탈출 줄 잇는다」, 『매일경제』, 2022년 1월 12일.

5 청와대, 「문 대통령, K-박람회 현장 방문…"한류를 넘어 'K-붐'으
로"」, 『대한민국 정책브리핑』, 2021년 11월 11일.

6 진달용, 『한류 신화에 관한 10가지 논쟁』(한울아카데미, 2022년),
108쪽.

7 이철승, 『불평등의 세대: 누가 한국 사회를 불평등하게 만들었는
가』(문학과지성사, 2019년), 105~113쪽.

8 김민희, 『다정한 개인주의자: K-컬처를 다진 조용한 실력자 X세대
를 위하여』(메디치미디어, 2022년), 28쪽.

9 제16대 대통령 선거 직후 공개된 MBC·코리아리서치 출구조사 결
과다. 당시에는 지상파 방송사들이 출구조사를 각자 실시할 때였
다. 다만 KBS와 SBS는 50대를 별도로 조사하지 않고 '50대 이상'으
로 통칭했다.

10 김도용, 「FIFA "박지성 2002 월드컵 포르투갈전 득점, 베스트8 원
더풀 골"」, 『뉴스1』, 2018년 4월 20일.

11 찰스 테일러, 이상길 옮김, 『근대의 사회적 상상: 경제·공론장·인

민 주권』(이음, 2010년), 146쪽.

12 고동수, 「도민 50% 길거리 응원 나서」, 『제주일보』, 2002년 7월 2일.

13 이준웅, 「인터넷 공론장의 매개된 상호 가시성과 담론 공중의 형성」, 『언론정보연구』, 46권 2호(2009년), 10~11쪽.

14 이노우에 다케히코, 『슬램덩크 21: 완전판』(대원, 2002년), 206쪽; 『슬램덩크 22: 완전판』, 103쪽.

15 송경원, 「[인터뷰] '더 퍼스트 슬램덩크' 이노우에 다케히코 감독, "다시 처음처럼, 리얼하게"」, 『씨네21』, 2023년 1월 3일.

제3장

1 김애란, 「입동」, 『바깥은 여름』(문학동네, 2017년), 32~33쪽.

2 김영하, 『퀴즈쇼』(문학동네, 2007년), 193쪽.

3 김정훈·심나리·김항기, 『386 세대유감: 386세대에게 헬조선의 미필적고의를 묻다』(웅진지식하우스, 2019년), 63~70쪽.

4 이시혜·박태우·신다은, 「고용 회복세 "뚜렷"하다더니, 비정규식 '역대 최대' 800만 명」, 『한겨레』, 2021년 10월 26일.

5 곽희양, 「우석훈 교수 "20대 변화 없어…88만원 세대 절판"」, 『경향

신문』, 2012년 3월 26일.

6 박상영, 『믿음에 대하여』(문학동네, 2022년), 49쪽.

7 김홍중, 「서바이벌, 생존주의, 그리고 청년 세대: 마음의 사회학의 관점에서」, 『한국사회학』, 49집 1호(2015년), 190쪽.

8 고재석·김우정, 「"합격 자소서 '웃돈' 주고 사가는 업체도 있어"」, 『신동아』, 2019년 7월호, 344쪽.

9 김용범, 『격변과 균형: 한국 경제의 새로운 30년을 향하여』(창비, 2022년), 206쪽.

10 이혁진, 『누운 배』(한겨레출판, 2016년), 301쪽.

제4장

1 박혜진, 『언더스토리』(민음사, 2022년), 201쪽.

2 「고려대학교의 한총련 출범식」, 『KBS』, 1993년 5월 28일.

3 고재석, 「['한때 좌파' 4人의 쾌도난마] "나꼼수 분열은 '대깨문'과 '소깨문' 싸움"」, 『신동아』, 2021년 1월호, 93쪽.

4 조민근·손민호·홍주연, 「총학생회장 선거전 '반운동권·반정치' 바람」, 『중앙일보』, 2001년 11월 21일.

5 노정태, 『논객 시대: 인문·사회 담론의 전성기를 수놓은 진보 논객

총정리』(반비, 2014년), 7쪽.

6 경향신문 특별취재팀, 『민주화 20년, 지식인의 죽음: 지식인, 그들
은 어디에 서 있나』(후마니타스, 2008년), 64쪽.

7 이상길, 「언어의 분열, 분열의 언어: 1987년 이후의 미디어 권력」,
『당대비평』, 제24호(2003년), 81~82쪽.

8 김성후, 「독립 언론 10년, 경향: 경제적 어려움 딛고 정론지 우뚝」,
『한국기자협회』, 2008년 3월 25일.

9 허연, 「출판계도 노무현 당선 숨은 공신」, 『매일경제』, 2002년 12월
20일.

10 고재석, 「미디어 권력과 지식인의 상징 투쟁: 강준만의 경우
(1989-2005)」, 연세대학교 커뮤니케이션대학원 석사학위 논문,
2016년, 39~42쪽.

11 사사키 아타루, 송태욱 옮김, 『잘라라, 기도하는 그 손을: 책과 혁
명에 관한 닷새 밤의 기록』(자음과모음, 2012년), 113쪽.

12 김기원, 『한국의 진보를 비판한다: 노무현 정권과 개혁 진보 진영
에 대한 성찰』(창비, 2012년), 6쪽.

13 「[사설] 노무현 정부 들어 급등한 사교육비」, 『중앙일보』, 2007년
11월 21일.

제5장

1 모니카 브리투 비에이라·데이비드 런시먼, 노시내 옮김, 『대표: 역사, 논리, 정치』(후마니타스, 2020년), 276~277쪽.

2 유창오, 『진보 세대가 지배한다: 2040세대의 한국 사회 주류 선언』(폴리테이아, 2011년), 60쪽.

3 알랭 드 보통, 최민우 옮김, 『뉴스의 시대: 뉴스에 대해 우리가 알아야 할 모든 것』(문학동네, 2014년), 13쪽.

4 송상근, 「취재원 사용의 원칙과 현실: 세월호 보도를 중심으로」, 『한국언론학보』, 60권 5호(2016년), 50쪽.

5 최윤규, 「지상파 방송사의 검찰 수사 뉴스 보도에서 나타난 익명 정보원 편향에 관한 연구: 조국 수사 관련 정보원을 중심으로」, 『언론정보연구』, 57권 4호(2020년), 222쪽.

6 황현산, 『우물에서 하늘 보기』(삼인, 2015년), 140쪽.

7 배진석, 「86세대와 세대 효과의 종언: 1992-2022 대선 분석」, 『EAI 워킹페이퍼』, 2022년.

8 「중앙일보-한국정당학회-에스티아이 '제20대 대선 2030 패널 조사' 2차 조사 주요 결과」, 에스티아이 정례조사 보도자료, 2022년 3월 2일.

제6장

1 러셀 커크, 이재학 옮김, 『지적인 사람들을 위한 보수주의 안내서: 개인, 가족, 사회, 역사에 대한 보수의 철학』(지식노마드, 2019년), 14쪽.

2 박주용, 「이준석 신당 파괴력은?…민주 39.7% 대 국힘 30.9% 대 신당 16.0%」, 『뉴스토마토』, 2022년 10월 14일.

3 안병진, 「'이준석 현상'을 이해 못하는 이들에게」, 『경향신문』, 2021년 6월 7일.

4 신명호, 『왜 잘사는 집 아이들이 공부를 더 잘하나?: 사회계층 간 학력 자본의 격차와 양육 관행』(한울아카데미, 2011년), 202쪽.

5 이준석, 강희진 엮음, 『공정한 경쟁: 대한민국 보수의 가치와 미래를 묻다』(나무옆의자, 2019년), 201~202쪽.

6 서동진, 『자유의 의지 자기계발의 의지: 신자유주의 한국 사회에서 자기계발하는 주체의 탄생』(돌베개, 2009년), 375쪽.

7 성시영, 「장관의 재임 기간에 영향을 미치는 요인」, 『한국행정학보』, 49권 3호(2015년), 438쪽.

8 이인철, 「발등 찍힌 '이해찬 1세대'」, 『동아일보』, 2001년 11월 9일.

9 허종식·김영배·황준범, 「'이해찬 세대' 등 정책 검증 거셀 듯」, 『한

겨레』, 2004년 6월 23일.

10 손주은, 『고3 혁명: 대한민국 학원가 최고의 명강사 손 선생이 처음 공개하는 입시전략 X파일』(조선일보사, 2003년), 28~29쪽.

11 이재명, 「'이해찬 세대' 혹평 받는데?…"창의력 세대로 재평가될 것"」, 『한겨레』, 2007년 9월 20일.

제7장

1 존 버거·장 모르, 차미례 옮김, 『제7의 인간: 유럽 이민노동자들의 경험에 대한 기록』(눈빛, 2004년), 5쪽.

2 리처드 세넷, 유병선 옮김, 『뉴캐피털리즘: 표류하는 개인과 소멸하는 열정』(위즈덤하우스, 2009년), 191~196쪽.

3 고종석, 『서얼단상』(개마고원, 2002년), 253쪽.

4 마이클 셔드슨, 이강형 옮김, 『뉴스의 사회학』(한국언론진흥재단, 2014년), 164쪽.

5 마이클 셔드슨, 앞의 책, 179~180쪽.

6 김정훈·심나리·김항기, 『386 세대유감: 386세대에게 헬조선의 미필적고의를 묻다』(웅진지식하우스, 2019년), 66쪽.

7 이철승·정준호·전병유, 「세대·계급·위계 Ⅱ: 기업 내 베이비부

머·386세대의 높은 점유율은 비정규직 확대, 청년 고용 축소를 초래하는가?」,『한국사회학』, 54권 2호(2020년), 46쪽.

8 강준만,「꿈의 독재」,『한겨레』, 2015년 2월 9일.

9 리처드 리브스, 김승진 옮김,『20 VS 80의 사회: 상위 20퍼센트는 어떻게 불평등을 유지하는가』(민음사, 2019년), 17쪽.

10 유경준·이상협·이종훈·이철수,『노동의 미래: 전환의 시대, 일과 삶의 새로운 미래를 구상하다』(현암사, 2020년), 218~220쪽.

11 Christy Kim,「2022-2023 회계연도 최저임금」,『일요신문 QLD』, 2022년 10월 19일.

세습 자본주의 세대

© 고재석, 2023

초판 1쇄 2023년 4월   7일 펴냄
초판 2쇄 2023년 8월 11일 펴냄

지은이 | 고재석
펴낸이 | 강준우
기획·편집 | 박상문, 김슬기
디자인 | 최진영
마케팅 | 이태준
인쇄·제본 | 지경사문화

펴낸곳 | 인물과사상사
출판등록 | 제17-204호 1998년 3월 11일

주소 | 04037 서울시 마포구 양화로7길 6-16 서교제일빌딩 3층
전화 | 02-325-6364
팩스 | 02-474-1413

www.inmul.co.kr | insa@inmul.co.kr

ISBN 978-89-5906-683-4 03300

값 19,000원